신규 목회자 핸드북

# The New Pastor's Handbook

# 신규 목회자 핸드북

**지은이**    제이슨 헬로포울로스
**옮긴이**    김태곤
**펴낸이**    김종진
**초판 발행**  2019. 7. 18.
**등록번호**  제2018-000357호
**등록된 곳** 서울특별시 강남구 선릉로107길 15, 202호
**발행처**    개혁된실천사
**전화번호**  02)6052-9696
**이메일**    mail@dailylearning.co.kr
**웹사이트**  www.dailylearning.co.kr

책값은 뒤표지에 있습니다.
ISBN 979-11-966781-8-0  03230

개혁된
실천
시리즈

# THE NEW PASTOR'S HANDBOOK

# 신규 목회자 핸드북

**제이슨 헬로포울로스 지음**

김태곤 옮김

개혁된실천사

# 목차

# 3부 격려

# 리곤 던컨의 서문

—

사도 바울은 젊은 목사에게 편지하여 "너는 진리의 말씀을 옳게 분별하며 부끄러울 것이 없는 일꾼으로 인정된 자로 자신을 하나님 앞에 드리기를 힘쓰라"고 말했다(딤후 2:15). 사실 바울의 편지에는 그런 종류의 권면이 가득하며, 특히 그것은 사역을 시작하는 자들을 위한 것이었다.

망령되고 허탄한 신화를 버리고 경건에 이르도록 네 자신을 연단하라(딤전 4:7).

누구든지 네 연소함을 업신여기지 못하게 하고 오직 말과 행실과 사랑과 믿음과 정절에 있어서 믿는 자에게 본이 되어(딤전 4:12).

또한 너는 청년의 정욕을 피하고 주를 깨끗한 마음으로 부르는 자들과 함께 의와 믿음과 사랑과 화평을 따르라 어리석고 무식한 변론을 버리라 이에서 다툼이 나는 줄 앎이라 주의 종은 마땅히 다투지 아니하고 모든 사람을 대하여 온유하며 가르치기를 잘하며 참으며 거역하는 자를 온유함으로 훈계할지니 혹 하나님이 저희에게 회개함을 주사 진리를 알게 하실까 하며 그들로 깨어 마귀의 올무에서 벗어나 하나님께 사로잡힌 바 되어 그 뜻을 따르게 하실까 함이라(딤후 2:22-26).

이런 권면은 얼마든지 더 나열할 수 있다. 핵심은 신임 목사에게 (여기서는 주 안에서 그의 사랑하는 아들이었던 디모데에게) 제시하는 바울의 권면과 독려가 의도적이며 구체적이라는 것과 성령의 영감을 받은 바울의 말이 모든 시대의 젊은 목사들에게 적용된다는 사실이다. 바울이 그런 도움을 주며 독려했던 이유는 그 내용이 디모데에게 필요했기 때문이다. 그리고 그것은 그 시대뿐 아니라 이 시대의 신임 목사들에게도 마찬가지이다.

제이슨 헬로포울로스가 이 책을 쓴 것도 바로 그 이유 때문이다. 여기서 그는 목회 초기에 유용할 뿐만 아니라 장기적으로 신실하고 열매 맺는 사역을 하게 하는 대화로 독자를 이끈다. 그리고 이 책에서 다루는 목회의 사안, 상황, 도전, 기쁨 등의 내용은 모두 목회를 시작하면서 숙고해야 할 중요한 사항이다. 현재 목회를 위해 훈련을 받고 있거나, 부목사로서 사역을 시작했거나, 교회 개척의 첫 해

이거나, 처음으로 교회에서 단독 사역을 하거나, 새로운 곳에서 목회를 시작하는 사람들에게 이 책의 논의는 굉장히 유용할 것이다. 또한 제이슨은 경험이 많은 목사들이 신학생이나 젊은 목회자들을 멘토링하며 독려하는 과정에서 고려해야 할 논점에 대해 훌륭한 개요를 제시한다. 나는 이 책을 그렇게 적용할 수 있다는 점에 대해 개인적으로 감사하다.

제이슨 헬로포울로스는 내게 깊은 감동을 주는 신세대 목사들 중 한 명이다. 감사하게도 나는 그가 텍사스 주 달라스의 목사 후보생이었을 때부터 그와 친분을 유지하며 주님과 교회를 섬기는 그의 사역을 지켜봐 왔다. 당신도 바로 알 수 있겠지만, 그는 나이에 비해 지혜롭다. 또한 당신은 여기서 다루는 주제들이 목회를 갓 시작하는 이들에게 매우 적절하다는 사실을 알게 될 것이다(물론 나는 베테랑 목사들에게도 이 책이 유익하다고 말하고 싶다). 각 장은 간략하면서 다양한 주제를 다룬다. 나는 매우 실천적인 지혜와 많은 문제들에 대한 솔직한 고찰 및 위험한 일이나 우선순위에 대한 조언 속에서 제이슨이 제시하는 희망과 기쁨의 분위기를 사랑한다. 그는 목회 사역의 가치와 목적을 알기 때문에 인내를 당부한다. 목회 사역에서 직면하는 도전과 어려움들을 충분히 인식하고 이해하는 동시에, 하나님과 그분의 백성을 섬기는 일의 복됨과 영광과 기쁨도 알고 있다.

여기 수록된 성경적이며 사려 깊은 지혜는 다음과 같은 도움을 준다. 첫째, 목회 사역에서 마주할 만한 어려움을 미리 제시하여 때가 닥쳤을 때 놀라거나 심하게 낙심하지 않게 한다. 둘째, 결단을 내리기 전에 미리 생각해 보게 한다. 셋째, 목회의 긴 여정을 위한 준비를 갖추게 한다. 넷째, 자신을 진지하게 자각하게 한다.

사도 바울은 에베소 장로들과의 마지막 만남에서 다음과 같이 당부했다. "여러분은 자기를 위하여 또는 온 양 떼를 위하여 삼가라 성령이 그들 가운데 여러분을 감독자로 삼고 하나님이 자기 피로 사신 교회를 보살피게 하셨느니라"(행 20:28). 헤아릴 수 없는 값을 지불하고 사신 하나님의 양떼를 목양하라는 간곡한 이 당부는 신실한 모든 목사의 마음을 울리며 그들에게 영감과 확신을 준다. 바울은 목회 임무를 우리 앞에 제시하고 그것을 향한 열망을 우리 안에 일으키며, 특히 그 일을 신실하게 감당할 것을 우리에게 당부한다. 우리 모두 이런 것이 필요하다.

그리고 바울은 목사나 장로 또는 목자나 리더로서 다음 세 가지를 행하라고 당부한다. 첫째, 자신을 살피라. 둘째, 하나님의 양떼를 안내하고 이끌고 지키고 먹이며 도우라. 셋째, 그들을 위해 하나님이 어떤 값을 치르셨고 그들이 하나님께 얼마나 소중한지를 기억하라.

바울의 세 번째 당부를 명심하라. 목사, 장로, 목자, 리더들은 하나님의 아들의 피로 사신 하나님의 유업을 맡은 자들이다. 바울은 우리에게 맡겨진 사람들의 특별한 고귀함을 우리에게 상기시킨다. 그의 말에 다시 귀 기울여 보라. 그들은 '하나님이 그 아들의 피로 사신 교회'이다. 즉 우리는 하나님께 어마어마한 가치를 지닌 그분의 양떼를 돌보도록 부르심받은 것이다.

하나님이 그분의 백성, 교회, 포도원, 아들의 몸, 자녀들을 친히 구속하사 값을 지불하고 사셨다. 이 일은 하나님의 아들이신 예수 님의 죽음과 버림당하심이라는 무한한 대가로 이루어졌다. 그러므로 그런 선물을 맡는 것은 분명 중차대한 일이다. 하나님은 그분의 자녀, 곧 피로 사신 예수 그리스도의 형제자매들을 우리에게 맡기시며 다음과 같이 말씀하셨다. "그들에게 내가 어떤 존재인지를 알려 줘라. 나의 좋은 소식을 그들에게 전하고 내 은혜를 선포하라. 늑대들을 그들에게서 물리쳐라. 내 아들 예수를 신뢰하며 내 말을 사랑하도록 그들에게 가르쳐라. 삶 전체로 나를 영화롭게 하는 법을 그들에게 보여 줘라. 그리고 영원히 나와 함께하도록 그들을 준비시켜라."

젊은 목사들과 목회를 준비하는 자들이여, 여러분에게 맡겨진 사람들의 특별한 고귀함을 깨닫고 그들을 제대로 목양할 준비를 갖추라. 제이슨의 지혜로운 조언은 여러분이 그 목적을 이루도록 도와줄 것이다.

리곤 던컨

리폼드신학교 학장, CEO

# 감사의 글

—

이 책이 나오기까지 많은 사람들의 도움을 받았다.

우선 이 책을 출간할 기회를 제공해 준 베이커북스 출판사와 특히 브라이언 대표에게 감사드린다.

이 책이 빛을 보기까지 케빈 드영의 격려가 큰 역할을 했다. 그는 내게 많은 가르침을 준 목회자로, 나는 그의 친구인 것이 감사하다.

또한 이 책에 수록된 많은 부분은 지혜로운 목사 선배들의 좋은 본보기를 보며 확인한 결과이다. 너무 많아서 일일이 소개하기는 어렵지만, 실로 그들의 영향은 매우 컸다.

롭 알렌, 론 윌리엄스, 로저 윌레스, 로비 루커, 폴 세틀에게 감사드린다. 이들은 모두 목회 경험이 많은 분들로서, 열정적이며 자신만만한 20대 풋내기를 멘토링하고자 일부러 시간을 내주었다. 그들은 이 책에 수록된 지혜와 실천적 조언의 바탕이 되는 씨앗을 많이 뿌려 주었다.

항상 그렇듯이, 사랑하는 아내 레아에게 고마움을 전한다. 아내는 사역의 여정에서 참으로 진실한 동역자이며 언제나 나보다 더 지혜롭고 신실한 벗이다. 내가 더 나은 목사가 될 수 있는 것은 그런 아내가 곁에 있기 때문이다. 사랑스런 아이들, 그레이슨과 에단에게도 고맙다. 나의 기쁨인 그들은 내가 이 책을 쓰는 동안 "아빠, 이제 몇 장이나 남았어요?"라고 매일 물으면서 나를 독려해 주었다.

무엇보다, 목회자로서 섬기는 특권을 허락해 준 회중에게 감사를 표하고 싶다. 메도우뷰리폼드장로교회, 크라이스트교회, 프라비던스장로교회, 유니버시티리폼드교회 등에서 많은 것을 배웠다. 이 책에 수록된 내용 중 상당수가 그때 경험을 통해 깨달은 것이다. 사실 그 과정이 항상 평탄한 것은 아니었지만, 그럼에도 나와 함께해 준 그들의 인내와 오래 참음, 격려에 감사드린다. 그들 곁에서 그들을 섬긴 것은 나의 영예이다.

# 거룩한 소명

 졸업장에는 '목회학석사' 또는 '신학석사'라고 적혀 있다. 이 학위를 받은 후에 교회에서 맞이하는 첫 주는 삶의 새로운 전환, 당신이 받은 소명, 당신 앞에 놓인 업무, 여러 해 동안 이어진 학업을 완수한 것에 대한 말할 수 없는 흥분을 수반한다. 하지만 둘째나 셋째 주에 당신은 약간의 패닉 상태를 경험하기 시작하고, 그 결과 당신 스스로 자신이 '목회학석사'답지 않다는 거북한 결론짓기에 이른다. 당신은 원어를 활용하여 주해할 수 있고, 최상의 설교를 비판할 수 있으며, 위격적 연합이라는 심오한 영역을 파헤칠 수도 있다. 그러나 갑자기 여러 가지 실천적인 것에 대해 잘 모른다는 사실을 자각하기 시작한다. 당신이 한 번도 해 본 적이 없고 하는 법을 알지도 못하는 것들 투성이다. 신학교에서 모든 것을 가르쳐 주지는 않은 것이다.

하지만 당신이 목사로서 그런 상황에 처해 있더라도 많은 동료들이 있으니 걱정할 필요 없다. 당신 이전의 모든 목사가 그 길을 지나갔다. 나는 이 책이 그 여정에서 맞닥뜨리는 함정들을 피하는 데 당신에게 도움이 되기를 바란다. 이 책의 도움을 받아도 목회 사역은 쉽지 않겠지만 당신과 당신이 맡은 회중이 맞닥뜨릴 불필요한 곤경을 어느 정도 면하게 해줄 수는 있다.

한 친구가 내게 왜 이 책을 쓰느냐고 물었다. 그의 관심은 이 책의 주제가 아니라 내가 저자라는 사실에 있었다. 그는 "유명한 목사도 아니고 은퇴를 앞둔 시점에 평생의 목회 여정을 돌아보는 목사도 아닌데, 왜 굳이 네가 이런 책을 쓰는가?"라고 말했다. 분명 이 주제에 대해 더 좋은 내용의 책을 쓸 수 있는 목사들은 많다. 그리고 나는 목회에 대해 권위자가 아니다. 오히려 목회 사역에서 계속 성장하는 중인 평범한 목사로, 교회와 동료 사역자들을 사랑하며 이 영광스러운 소명을 이루기 시작하는 사람들을 돕고자 하는 열정을 지니고 있을 뿐이다. 나는 여러 해 동안 함께해 준 선배 목사들에게 감사드린다. 그들은 내가 목회 과정에서 직면하는 도전에 대처할 준비를 갖추도록 도와주었다.

이 책은 10년 전에 목회 첫 해를 경험한 목사가 그 여정을 동일하게 시작하는 목사들에게 도움의 손길을 펼치려고 쓴 것이다. 그 당시의 기억과 도전은 여전히 내 머릿속에 자리 잡고 있다. 이제 나는 세월의 흐름에 따라 쌓인 연륜과 더불어 이제 막 그 여정을 시작한 이들에게 지혜와 도움을 제공하고자 한다. 이 책에 수록된 내용 중 많은 부분은 멘토들의 조언에 바탕을 둔 것이지만, 일부는 개인적인 경험으로 알게 된 것이다.

목회 여정을 떠올리면 사역을 시작한 후 몇 달 동안과 당시 내게 천천히 해 나가라고 말해 주었던 지혜로운 한 목사님이 생각난다. 당시에 나는 열정적이었고 아이디어로 가득했다. 교회의 어린이·청소년 사역에서 여러 가지 새로운 방식을 시도해 보는 것이 실천 목록의 첫 번째 항목이었다. 하지만 그렇게 하면 아이들의 부모는 나를 모르고 나도 그들을 모르니 심각한 문제가 발생할 수 있는 상황이었다. 하지만 고맙게도 나는 그 지혜로운 목사님의 격려 덕분에 속도를 늦추고 전면적인 변화를 도모하기 전에 신뢰를 조성할 기회를 얻었다. 또 어느 경험 많은 목사님은 처음 목회를 시작하고 2년 동안 가능하면 성경을 많이 배우라고 당부했다. 그는 "목회 초기에는 논쟁에 말려들지 마세요. 목회 첫 해에는 다른 무엇보다 성경 배우는 일에 몰두하세요"라고 말했다. 그리고 그 귀한 실천적 조언은 목회 내내 강력한 기틀이 되었다(이 점에 대해서는 9장에서 더 상세히 언급할 것이다).

내가 경험을 통해 힘들게 배운 교훈도 생각난다. 당시 나는 교회에서 겪는 배신의 아픔에 대해 준비되어 있지 않았다. 신학교나 목회 사역 시작 후 2년 동안 그런 위험 요소에 대해 내게 경고한 사람은 아무도 없었다. 그러나 이후 나만 그런 아픔을 겪는 것이 아님을 알게 되었다. 최근에 나는 목사들을 위한 컨퍼런스에서 이 주제에 대해 강연했는데, 강연 후 한 젊은 목사가 와서 눈물을 흘리며 말했다. "바로 이 문제 때문에 저는 목회를 거의 포기했습니다. 배신은 저의 레이더에 없었거든요." 그와 그의 아내는 비통해했고, 우리는 그의 상황을 놓고 20분 동안 이야기를 나누며 기도했다.

나는 이 책을 읽는 당신이 배신당하지 않기를 바라지만, 그것에 대비할 필요는 있다(이 점에 대해서는 40장에서 더 상세히 논의할 것이다). 이 책은 그런 문제들을 염두에 둔 것으로, 목회 사역을 시작하는 이들을 돕기 위한 실천적인 조언이 담겨 있다.

형제들이여, 우리는 존귀한 소명을 지녔다. 거룩한 임무가 우리 앞에 놓여 있다. 그것이 항상 즐겁지는 않지만 그리스도와 그분의 소중한 신부를 섬기는 것보다 더 큰 상급이나 기쁨을 얻는 일은 없다고 증언하는 이들이 많다. 양떼의 목자장께서 그분의 소중한 양떼를 돌보도록 우리를 그분의 하위 목자로 불러 주셔서, 우리는 이 생의 큰 영예와 특권들 중 하나를 누린다. 이제 주께서 우리를 도우사 그분의 영광을 위해 그분의 사람들을 잘 돌보게 하시기를 기원한다.

나는 이 책이, 여러분이 더 신실하고 효율적인 복음 사역자로서 살아가는 데 도움이 되기를 바란다. 나 역시 목사로 부르심을 받은 자로서 평생 성장하는 과정에 있다. 여러분과 함께 나도 그리스도의 발 앞에 앉아 "나를 가르치시고, 겸손케 하시고, 내 죄를 깨닫게 하시고, 나를 준비시키셔서, 주님의 교회의 유익과 주님의 영광을 위해 더 나은 종으로 섬기게 하소서"라고 간구한다. 자, 이제 함께 나아가자.

# 1부
시작

# 1장
# 소명이란 무엇인가

—

그가 어떤 사람은 사도로 어떤 사람은 선지자로 어떤 사람은 복음
전하는 자로 어떤 사람은 목사와 교사로 삼으셨으니 이는 성도를
온전하게 하여 봉사의 일을 하게 하며 그리스도의 몸을 세우려 하
심이라(엡 4:11-12).

목회로 '부르심받았다'라는 말은 무엇을 뜻하는가? 영어 단어
'call'은 다양한 의미를 포함하고 있다. 큰 목소리, 잠시 동안의 방
문,카드 게임에서의 어떤 순간 등의 뜻을 갖는다. 하지만 이런 것은
직업적인 사역자로 부르시는 하나님의 소명을 뜻하지 않는다.

성경에는 그리스도의 부르심에 대한 삭개오의 반응이 나온다(눅
19:5-6). 사실 그리스도는 모든 그리스도인을 부르사 그분의 이름 안
에서 섬기게 하신다(엡 4:4). 그 부르심이 없다면 우리는 그리스도인

이 아닐 것이다. 바울은 디모데에게 "오직 하나님의 능력을 따라 복음과 함께 고난을 받으라 하나님이 우리를 구원하사 거룩하신 소명으로 부르심은 우리의 행위대로 하심이 아니요 오직 자기의 뜻과 영원 전부터 그리스도 예수 안에서 우리에게 주신 은혜대로 하심이라"(딤후 1:8-9)라고 말한다. 즉 그리스도인은 하나님의 부르심을 받았다는 것이다. 하나님이 우리 각자를 불러서 거룩하게 하시며 하나님 나라를 위해 일하게 하신다(고전 10:31).

하지만 그리스도께서는 그분의 백성을 돌보는 목사를 특별히 부르시는 것도 사실이다. 그분은 교회의 특정한 직분과 책임과 역할을 위해 특정한 사람들을 부르신다. 바울은 교회가 사도들과 선지자들의 터 위에 세워진다고 분명히 말한다(엡 2:20). 그리고 교회는 그 후로 몇 세기에 걸쳐 복음전도자와 목사와 교사들을 통해 계속 세워졌다(엡 4:11-14).

목사는 그리스도의 몸 안에서 다른 지체들과 구별되는 소명이 있다. 하지만 그렇다고 해서 모든 그리스도인이 몸 안에서 각자 독특한 역할을 맡는다는 사실이 약화되는 것은 아니다. 도리어 정반대이다. "만일 온 몸이 눈이면 듣는 곳은 어디며 온 몸이 듣는 곳이면 냄새 맡는 곳은 어디냐 그러나 이제 하나님이 그 원하시는 대로 지체를 각각 몸에 두셨으니 만일 다 한 지체뿐이면 몸은 어디냐 이제 지체는 많으나 몸은 하나라"(고전 12:17-20). 교회는 우리 모두가 필요하다. 그중 목사는 하나님의 살아 있는 말씀을 삶에 적용하도록 선포하고 설명하는, 독특한 부르심을 받은 지체로서 다른 이들을 섬긴다(딤후 4:2). 또한 성도들이 봉사하고 섬기며 그리스도의 몸을 세울 수 있도록 준비시킨다(엡 4:12).

우리는 성령의 은사에 따라 저마다 특정한 소명을 지니고 있다(고전 12장; 엡 4장; 딤전 4:14). 이 위대한 섬김은 희생적인 사랑(롬 9:3), 거룩함(딤전 3:2-7, 4:12-13), 다른 사람들과 예수 그리스도의 복음을 위해 목숨을 바치는 헌신(빌 2:17)을 요구한다. 그때 목사는 상담자, 벗, 안내자, 리더의 역할을 한다.

그는 목자이자 영혼의 의사로서 일하며 여러 가지 역할을 수행한다. 무엇보다도 목사에게는 하나님의 몸의 유익과 그분의 영광을 위해 권위와 정확함과 신실함으로 하나님의 말씀을 선포할 책임이 있다(딤후 2:15). 하나님이 당신을 목사로 부르셨는가? 그것은 존귀한 소명이다. 그리고 그분의 양떼를 돌보는 하위 목자로서 그들에게 말씀을 먹이는 것이 당신에게 주어진 소명의 핵심이다.

# 2장
# 당신이 부르심받았는지를
# 어떻게 아는가

—

미쁘다 이 말이여 곧 사람이 감독의 직분을 얻으려 함은 선한 일을
사모하는 것이라 함이로다(딤전 3:1).

하나님이 당신을 목회 사역으로 부르셨는가? 이 물음에 답하는
데 도움이 되는 세 가지 필수 요소가 있다. 그것은 바로 내적 소명,
하나님의 사람들의 분명한 인정, 교회의 확증이다.

나는 독특한 학생으로 신학교에 입학했다. 당시 나는 목사가 되
려는 마음 없이, 다만 성경과 신학을 배우기 위해 신학교에 들어갔
다. 그런데 신학교 3학년이 되자 목회의 소명과 씨름하기 시작했다.
어느 날 오후에, 나는 이 내적 씨름을 아내에게 토로했다. 우리는 그
문제와 관련하여 다른 사람들에게 들은 조언을 놓고 의논했다. 어
떤 친구는 "만일 네가 다른 어떤 일을 해도 행복할 수 있다면 너는

목회자로 부르심받은 것이 아니다"라고 말했다. 그것이 사실이라면, 모세, 예레미야, 요나 등 성경에 나오는 지도자들은 성경에 나오는 것과 같은 임무를 맡지 않았을 것이다. 그러므로 그 친구의 말은 틀렸다.

한편 내가 목회를 위한 은사를 지녔다면 하나님이 분명히 나를 목회자로 부르시는 것이라고 말하는 사람들도 있었다. 하지만 이것도 확실하지 않았다. 나는 교사와 리더로 특출한 재능이 있으나 목사로 부르심을 받지 않은 여성들을 많이 알고 있다(딤전 3:2; 딛 1:6). 결국 그것도 맞는 말이 아니었다.

그때 아내가 물었다. "만일 당신이 다른 일을 한다면 그것이 순종일까요?" 그 순간 나는, 만일 내가 다른 직업을 택하여 살아간다면 그것이 하나님께 불순종하는 행위임을 깨달았다. 당신은 이처럼 특정한 순간을 경험하지 못할 수도 있다. 하지만 목회 사역에 들어서고자 하는 사람이라면 누구나 하나님이 자신을 목사로 부르셨다는 내적 인식을 지니고 있어야 한다(갈 1:1; 엡 1:1). 즉 그러한 부담감과 심적인 끌림, 주님이 진정 거룩한 임무로 자신을 부르셨다는 확신을 느껴야 하는 것이다.

어떤 이들은 다른 사람들보다 더 강하게 소명감을 느낀다. 하지만 그렇지 않다고 낙심할 필요는 없다. 어떤 이들은 자기반성에 유난히 예민해서 쉽게 의구심을 갖는 반면, 어떤 이들은 목사로 부르심받았음을 언제나 확신한다. 당신이 내적 소명에 대해 의심하든 철저히 확신하든, 소명 여부를 분별하는 데는 내적 소명 외에 다른 두 가지 본질적인 요소가 꼭 필요하다. 이 두 가지는 의구심을 갖는 사람에게는 소명을 다시 확신시켜 주고, 철저히 확신하는 사람에게는 확신을 확증해 주거나 이에 상반되는 외부의 목소리를 제공해 준다.

단순히 내적 소명을 감지하는 것은 하나님의 소명에 대한 증거로 충분하지 않다. 그래서 외적 소명도 있어야 하는데, 이것은 교회 내부 사람들(하나님의 사람들)과 교회 자체(공식적인 요청)를 통해 나온다. 당신이 목회를 위한 은사들과 성경적인 자격을 지녔다고 하나님의 사람들이 동의해야 한다(딤전 3장; 딛 1장). 당신의 가르침과 설교를 듣고 당신의 인도를 받는 사람들이 당신에게 이 은사가 있음을 인정하는가? 교인들이 당신의 사역을 통해 유익을 얻고 있는가? 사역의 열매가 맺혔는가? 마지막 확증은 교회(지역 회중, 장로들, 장로회 등)의 판정이라는 형태로 받는다. 이들이 당신에게 공식적으로 요청함으로 당신이 목회를 위한 은사와 자격을 지녔음을 입증하게 된다(행 15장; 딛 1:5-9). 교회가 내적 소명과 하나님의 사람들의 동의를 확증한다.

이처럼 합법적인 소명은 내적·외적으로 입증된다. 그래서 다른 사람들이 아무도 확증해 주지 않는데도 자신이 목회 소명을 받았다고 인식하는 것은 옳지 않다. 또한 목사 스스로 하나님의 부르심을 자각하지 않는다면, 여러 사람이나 교회가 그에게 은사가 있다고 믿어도 충분하지 않다.

종종 목회로 힘든 시기에, 나는 신학교 시절에 감지했던 내적 소명을 회상한다. 또한 소명을 확신시켜 준 하나님의 사람들의 인정

과 교회(지역 회중과 장로회)의 공식적인 요청도 회고해 본다. 내적 소명
은 상상의 산물이 아니었다. 다른 사람들도 그것을 사실이라고 믿
었다.

이외에도 소명을 분별하는 필수 요소들이 있다. 나는 항상 목회
를 준비하는 젊은이들에게 목사가 하나님의 사람들을 위한 종의 역
할을 한다는 사실을 이해하는지를 묻는다. 또한 하나님과 그분의
말씀, 그분의 사람들을 사랑하는지를 묻는다(이것에 대해서는 8장에서 더
상세히 논의할 것이다). 이 자질들을 갖추려면 성품, 곧 확실하게 연단된
성품이 필요하다. 성품이 빈약하다는 것은 목사로 부르심받지 않았
음을 나타내는, 분명한 증거이다. 성품을 갖추는 것은 기본이다.

당신은 부르심을 받았는가? 본질적인 사항부터 점검하라. 내적
소명을 느끼는가? 하나님의 사람들이 당신의 은사와 사역을 분명히
인정하는가? 교회의 확증을 받았는가? 많은 이가 이 세 가지 본질
적인 요소를 구하고 인식하며 확인할 때, 많은 교회가 문제에서 벗
어나고 많은 목사들도 큰 상심을 면하게 될 것이다.

# 3장
# 목회직 지원

—

너는 진리의 말씀을 옳게 분별하며 부끄러울 것이 없는 일꾼으로
인정된 자로 자신을 하나님 앞에 드리기를 힘쓰라(딤후 2:15).

교회와 목회 지원자 간에는 어색한 춤을 추는 것 같은 분위기가
형성된다. 어느 편이 주도해야 할지 모른 채, 상대방의 발을 밟을까
봐 염려하는 마음이 지배적이다. 춤이 빠른 스텝으로 진행되어 친
밀해지는 것 같다가도, 팔 길이만큼 서로 멀리 떨어진다. 목회 지원
은 고무적일 수 있지만 대체로 긴장과 초조함, 심지어는 근심을 유
발한다. 새로 안수받은 목사의 경우는 특히 그러하다.
　처음부터 기도에 전념하라. 당신은 주님이 인도하시는 곳으로 가
야 한다. 하나님이 당신을 특정 지역 교회로 부르시는지를 분별하
는 일은 중대한 도전일 수 있다. 이 씨름을 하는 중에 기도는 필수

적이다. 기도할 때 주님이 당신의 교만과 두려움과 자기중심성을 물리치도록 도와주시기 때문이다. 새로 초빙 제의를 받을 때마다 내가 부단히 드렸던 기도 내용은 다음과 같다. "주님, 어느 교회를 섬겨야 할지를 분명히 알려 주소서. 저의 영광이 아니라 주님의 영광을 위한 선택이 되게 하소서. 주의 말씀의 진리가 사랑하는 이들 가운데 적절한 시기에 결실을 맺을 수 있는 곳에서 섬기게 하소서. 주님의 사람들을 제가 잘 섬기고 사랑할 수 있는 교회로 보내 주소서." 또한 나는 "주여, 주님의 사람들을 통해 가족이 복을 받고 형통하게 될 교회로 보내 주소서"라고도 간구했다.

당신이 지원하는 교회에는 목회자 선정위원회나 그와 유사한 모임이 있을 것이다. 그것은 대체로 장로들, 집사들, 평신도들, 혹은 그 교회의 다른 목사들로 구성되어 있다. 당신은 자신과 주님 앞에서 처음부터 지원 과정 내내 정직함을 유지할 것을 결심하라. 그리고 선정위원회에게 당신의 진정한 모습을 알려 주고자 하라. 그들의 구미에 맞는 대답을 하려 하지 말고 스스로의 확신에 따라 진실하게 대답하라. 몇 달 지나서 교회나 당신이 더 큰 상심과 혼란에 직면하기 전에, 처음부터 당신이 그 교회에 적합하지 않다는 사실을 서로 알게 되는 것이 낫다.

어떤 지원자들은 질문할 수 있는 권한이 교회에만 있다고 생각한다. 마치 교회는 '고용주'이고, 자신은 예비 '고용인'으로 수동적인 입장에 있다고 생각하는 것이다. 하지만 목회 사역은 독특한 상황을 제공한다. 교회가 목회 사례비를 지급하는 반면에, 목사직은 고용주와 고용인 관계를 넘어선다. 그것은 소명이다. 따라서 목사는 주님이 특정한 교회를 섬기도록 자신을 부르셨는지를 분별할 필요가 있다. 이는 당신이 교회의 신학과 관행과 기대와 역사와 비전과 재정 등에 대해 목사 선임위원회에게 주저하지 않고 물어보아야 함을 뜻한다. 사역 과정에서 어떤 문제와 비전과 열정이 대두될지를 알기 위해 전반적인 질문을 하는 것이 좋다. 심지어 다음과 같은 구체적이며 노골적인 질문을 하는 것도 두려워할 필요가 없다.

- 좋은 설교를 어떻게 정의하나요?
- 교회가 기대하는 목사의 사역은 무엇인가요?
- 목사가 상담과 심방과 가르침의 대부분 또는 전부를 담당해야 한다고 생각하나요?
- 목사가 사역을 위해 성도들을 준비시킨다는 것은 무슨 의미일까요?
- 리더들은 어떤 교회의 사역을 강조하기 원하나요?
- 교회에서 다툼이 일어나는 시기는 언제이며, 그 다툼의 원인은 무엇인가요?

그들의 대답과 질문들을 주의 깊게 경청하라. 그들의 이야기를 통해 당신은 많은 것을 알게 될 것이다. 또한 그들이 말하지 않는 것에도 귀를 기울이라. 그것을 통해 더 많은 것을 파악할 수 있다.

그리고 당신이 기혼자라면, 회중 내에서 아내가 맡을 역할에 대해 분명한 견해를 밝혀야 한다. 그들이 당신의 아내에게 무엇을 기대하는지 물어보라. 당신의 아내가 어린이 사역에 협력하며 피아노 반주를 맡아주기 원하는가? 혹은 당신의 아내가 교회의 모든 일에 당신과 협력할 것을 기대하는가? 이런 대화를 통해 교회가 당신의 아내에게 맡길 사역에 대한 당신의 입장을 분명히 말하라. 사모는 먼저 당신의 아내이자 아이들의 엄마이기에, 그다음에야 다른 교인과 마찬가지로 교회에서 신실하게 섬길 것임을 그들에게 알려 주어야 한다. 그들은 당신 부부를 고용하는 것이 아니다.

또한 그들이 당신을 포함한 당신의 가족을 어떻게 보살피려 하는지를 알아보라. 사례비와 그들이 제공하는 혜택에 대해 물어보는 것을 부끄러워하지 말라. 이것이 첫 번째 의논 사항은 아니지만 마지막 의논 사항도 아니다. 목사는 돈을 벌기 위해 사역하는 것이 아니지만, "일꾼이 그 삯을 받는 것은 마땅하다"(딤전 5:18). 그 외 논의 사항들은 휴가, 학업 휴가, 퇴직, 보험, 사택을 포함한다. '한 달 휴가'가 일요일을 포함하는지, 쭉 4주간인지, 컨퍼런스 참석이 학업 휴가로 간주되는지, 목사 사례비가 정규적으로 인상되는지를 확실히 알 필요가 있다. 그리고 이런 대화 중에 당신의 마음을 지켜라. 더불어 궁극적으로 하나님이 당신에게 필요한 것을 공급하신다는 점을 상기하라.

중요한 것은 하나님이 지원자인 당신을 이 지역 교회로 부르셨는지를 분별하는 것이다. 당신은 교회의 머리이며 왕이신 분의 명령에 따라 섬긴다(골 1:18). 당신은 그분의 종이다. 당신은 다른 사람들의 섬김을 받으려는 것이 아니라 다시 사신 구주의 이름으로 다른 사람들을 섬기려 한다. 그러므로 청빙 요청은 기도하는 가운데 지혜롭게 인내하며 받아들이기로 결심하라. 그리고 육체적으로 더 이상 섬길 수 없고 주님이 영광의 본향으로 데려가실 때까지, 혹은 또 다른 사역지로 부르실 때까지, 그 교회를 '평생' 섬길 마음으로 청빙 요청을 받아들였음을 명심하라. 따라서 이렇게 결심하기까지 신중에 신중을 기해야 한다. 한 교회를 다른 무엇으로 건너가기 위한 징검다리로 여겨서는 안 된다.

# 2부
# 강력한 시작

# 4장
# 담임목사나 단독목사

—

누구든지 네 연소함을 업신여기지 못하게 하고 오직 말과 행실과
사랑과 믿음과 정절에 있어서 믿는 자에게 본이 되어(딤전 4:12).

단독목사(solo pastor)나 담임목사(senior pastor)로 섬길 기회는 신중
하고 겸손히 고려해야 한다. 단독목사나 담임목사로 섬기게 되면
대부분의 젊은 목사는 감당할 준비를 전혀 갖추고 있지 않은 어려
움과 직면한다.

우선 그들은 그 특유의 역할을 감당해야 한다. 담임목사는 목회
스탭들을 관리하고, 교회를 감독하고(oversee), 복잡한 예산을 운영
하고, 매주 설교하고, 교회의 비전을 빚고, 함께 일하는 목회자들의
존경을 끌어내야 한다. 이 역할은 목회 경험이 많은 사람들에게도
어렵다. 그러므로 젊은 목사들은 담임목사 요청을 받아들일지 결

정할 때 자신이 그 책무들을 감당할 역량이 있는지 신중하게 고려해야 한다. 그럼에도 당신은 젊은 목사로서 그 역할을 맡게 될 수도 있다. 그때 당신은 처음 몇 주나 몇 달 동안 당신의 감독 아래에 있는 스탭들에게 투자해야 한다. 이 투자는 나중에 그들을 효과적으로 인도하려 할 때 배당금으로 돌아올 것이다. 또한 그들은 이후 당신이 교회를 위해 주님이 주신 비전을 추구할 때 당신을 독려할 것이다. 그들은 장차 당신의 큰 자산이나 부채가 될 수 있다. 즉 당신과 협력하거나 당신을 반대할 수 있다는 것이다. 그러므로 처음부터 그들에게 신실하고 좋은 목사가 되어 그들의 신뢰를 얻으라.

단독목회 기회는 대개 소형 교회들을 통해 온다. 그런 교회들은 하나님의 나라를 위해 사역하고 섬기는 동시에 영적으로 성숙해질 아주 좋은 기회를 목사에게 제공한다. 친밀한 교제, 관리하기 쉬운 예산, 제한된 목회 영역 등 많은 재량권은 새로운 목사에게 달콤한 축복일 수 있다. 모든 교회는 목사가 필요하고 각 공동체는 신실한 목자를 필요로 한다. 그러므로 당신에게 관심을 보이는 작은 교회를 급하게 배제하지 말라. 당신은 하나님 나라의 종이지, 그 반대가 아니라는 점을 항상 기억하라.

하지만 작은 교회들은 교회 자체로 겪는 어려움이 있다. 그것은 대부분 상황이 열악하다는 것이다. 대체로 제한된 자원, 활력 부족, 높은 연령층, "우린 항상 이런 식으로 해 왔어요"라는 완고한 태도가 만연하다. 이 문제들 때문에 젊은 목사와 그의 가족이 스트레스를 더 받을 수도 있다. 단독목사직에 따르는 전반적인 책임을 고려하여 자신의 역량과 성향과 은사들을 신중히 평가하라.

담임목사직이나 단독목사직은 상당한 정도의 영적, 신학적, 정서적 성숙이 필요하다. 나이가 많다고 해서 성숙한 것은 아니기 때문에, 젊은이들도 성숙하기만 하면 그 직임을 탁월하게 수행할 수 있다. 바울은 디모데에게 "누구든지 네 연소함을 업신여기지 못하게 하고 오직 말과 행실과 사랑과 믿음과 정절에 있어서 믿는 자에게 본이 되어"(딤전 4:12)라고 말했다. 디모데는 비록 젊지만 준비를 갖추었고, 바울은 그에게 그 직무를 맡으라고 권하는 데 주저하지 않았다.

당신이 준비를 갖추었음을 어떻게 알 수 있을까? 기도와 간구로 주님께 아뢰라. '나는 이 특정한 소명을 감당할 만큼 충분히 성숙한 가?'라고 자문하면서 자신을 점검하고, 교만한 무지와 죄악된 자기혐오에 빠지지 않도록 주께 간구하라. 그리스도 안에서 당신의 성숙도를 분석하라. 당신은 나이 많은 성도들이 기꺼이 존중할 만한 유형의 사람인가? 매주 설교와 상담과 모임 인도와 목양의 압박을 감당해 낼 수 있는가? 당신의 직위로 인한 스트레스를 당신의 아내와 가족이 잘 감당하겠는가? 당신을 잘 아는, 손위 연배의 목사들이 당신에게 이 직무가 맞다고 동의하는가? 만일 이 질문들에 모두 긍정의 대답을 할 수 있다면, 그러한 청빙을 받아들이는 쪽으로 기도해 보라.

효과적으로 교회를 섬기고, 겸손히 인도하고, 진리를 설교하며, 양떼를 목양하라. 하나님의 은혜로 "누구든지 네 연소함을 업신여기지 못하게 하고 오직 말과 행실과 사랑과 믿음과 정절에 있어서 믿는 자에게 본이" 되라(딤전 4:12).

# 5장
# 부목사

—

네가 올 때에 마가를 데리고 오라 그가 나의 일에 유익하니라(딤후 4:11).

대부분의 신학교 졸업자는 부목사직을 원한다. 그들은 담임목사직이나 단독목사직을 맡기 전에 몇 년간 사역하며 배움과 유익을 얻으려 하지만 어린이나 청소년 사역에는 별 관심이 없다. 그래서 부목사 자리는 찾기도 힘들고 그 자리를 얻으려는 경쟁도 심하다.

대부분의 부목사는 교회 내에서 교육, 지역 섬김, 선교, 소그룹, 회중 돌보기, 독신자 모임, 친교 활동 등 지정된 역할을 담당한다. 이것은 직업적인 사역을 시작하는 근사한 방법일 수 있다. 담임목사직이 요구하는 책임을 지지 않고 자신감과 경험과 지식 면에서 성장하는 기회를 제공하기 때문이다.

나는 교회 세 곳을 거치면서 부목사로 섬겼다. 여기서는 내 경험에 근거하여, 부목사직을 맡기 전에 고려할 몇 가지 사항을 언급하고자 한다. 가장 중요한 것은, 당신이 섬길 교회의 담임목사를 존경하거나 좋아해야 한다는 점이다. 그렇지 않다면 그 교회의 직무를 맡아서는 안 된다. 내가 부목사로 섬겼던 교회들의 담임목사는 모두 내가 존경하며 좋아하는 분들이었다. 만일 그렇지 않았다면, 그곳에서 직무를 감당하기 어려웠을 것이다. 그런 상황은 지속될 수가 없다. 왜냐하면 비전을 설정하는 담임목사의 결정이 당신의 사역에 영향을 미치기 때문이다. 당신은 그의 아이디어들을 실행해야 하며 그의 설교를 들어야 한다. 따라서 당신은 담임목사의 모든 것을 좋아하거나 그의 모든 결정에 동의해야 할 필요는 없지만 그를 존경해야 한다. 그리고 처음부터 그럴 수 없다면, 그 교회의 부목사직을 맡지 말라. 그리고 사역 중에 담임목사에 대한 존경심이 사라진다면 조용히 사임하라.

좋은 부목사는 강력한 리더이자 추종자의 두 가지 역할로 섬기는데, 두 역할 모두 중요하다. 만일 그가 강력한 리더가 아니면, 그를 목사로 여기는 사람이 거의 없을 것이다. 그런 경우에 그는 담임목사에게 별로 도움이 되지 않는다. 왜냐하면 담임목사가 어떤 임무와 사역, 교회를 위한 자신의 비전을 그에게 맡기기 힘들기 때문이다. 한편 담임목사는 무슨 일을 부목사에게 맡기면 그가 자신을 대신하여 잘 해낼 것이라고 확신할 수 있길 원한다. 따로 부목사를 점검하거나 가르치거나 동기부여하길 원하지 않는다. 좋은 부목사는 또한 담임목사의 강력한 추종자일 필요가 있다. 담임목사가 그를 믿고 의지할 수 있어야 한다. 그는 담임목사를 확고히 지원할 수 있어야 한다.

이는 부목사가 담임목사에 대한 공적인 비판을 특히 삼가야 함을 뜻한다. 교인들은 해로운 말에 본능적으로 귀 기울이는 것 같다. 만일 당신이 그런 기색을 내비치면, 그들은 곧바로 달려들 것이다. 또 당신이 그들의 말에 귀 기울이면, 어떤 이들은 당신이 담임목사로 더 어울린다며 당신의 귀에 속삭일 수도 있다.

절대 그렇게 하지 말라! 그런 대화는 곧바로 중단하라. 담임목사를 지원하라. 이것이 바로 지역 교회의 부목사가 마땅히 감당해야 할 의무이다. 당신이 사람들을 돌보고, 맡은 직무를 수행하며, 지정된 영역을 감독하는 일은 모두 담임목사를 지원하는 의미에서 수행하는 것이다. 이것이 부목사의 소명의 본질이다. 담임목사를 지원하지 않으면 대부분의 젊은 부목사가 생각하는 것보다 더 큰 해를 교회에 끼치게 된다. 교회의 연합과 화평을 크게 무너뜨릴 수 있다. 그런 의미에서 '부목사는 지역 교회의 가장 큰 자산일 수도 있고 가장 큰 부채일 수도 있다'라고 하는 것이다. 이는 과장된 말이 아니다.

담임목사의 사역 방식이나 비전이 끊임없이 거북해도 겸손하게 접근하라. 갈등이 지속된다면 조용히 사임하라. 그리고 그것이 교만이나 거만함의 근원이 될 수도 있으므로, 회개하지 않은 죄가 있는지 자신을 확실히 살피라. 하지만 종종 주님은 당신을 다른 사역지로 옮기기 위해 그런 내적인 고민을 사용하신다.

너무 오랫동안 현재의 자리에 집착하는 젊은 부목사들이 많다. 안타깝게도 그들은 이러한 내적인 갈등을 느낄 때 조용히 떠나기보다 교회 내에서 변화를 부추기기 시작한다. 교묘하면서도 그리 교묘하지 않게, '교회를 돌본다'는 명목으로 담임목사의 비전과 명성을 실추시키는 일을 한다. 이 함정에 빠지지 말라! 교리의 정통성에 문제가 있거나 담임목사가 중대한 죄에 빠지거나 교회의 장로들이 당신에게 먼저 의논하러 오지 않는 한, 반란의 깃발을 들지 말라. 설령 그런 상황에 처하더라도, 당신은 신중하게 대처해야 한다. 대체로 평화롭고 은혜롭게 떠나는 것이 최선이다.

교회 입장에서 좋은 부목사가 축복이듯이 목회 사역 중 좋은 부목사직을 맡는 것도 축복이다. 당신은 담임목사의 지휘에 따를 수 있는가? 다른 사람을 지원할 수 있는가? 뒤에서 섬길 수 있는가? 정규적으로 설교하지 않아도 만족할 수 있는가? 험담과 부추김을 억제할 수 있는가? 이 질문들에 대해 긍정한다면, 당신은 부목사로 적합하다. 하지만 그렇지 않다면, 그 역할을 당신에게 맡기려는 교회의 요청을 받아들이지 말라.

# 6장
# 청소년 담당 목사

—

우리가 이를 그들의 자손에게 숨기지 아니하고 여호와의 영예와 그의 능력과 그가 행하신 기이한 사적을 후대에 전하리로다(시 78:4).

나의 목회 사역 중 첫 번째 소명은 청소년 담당 목사로, 나에게는 그 시기와 관련된 멋진 기억이 많다. 청소년들을 가르치며 제자화할 수 있는 기회를 준 당시 교회의 교인들에게 늘 감사하다. 그것은 내 인생의 큰 특권 중의 하나였다.

그러나 나는 목사 사역을 처음 지원했을 때, 청소년 사역에 대한 특별한 소명을 감지하지 못했다. 사실 나는 그 사역을 피하려 했다. 하지만 하나님은 감사하게도 그분의 자비 가운데 다른 계획을 지니고 계셨다. 나는 대부분의 젊은 목사처럼 교회에서 설교하고 가르치는 사역을 할 거라고 확신했다. 이는 신학교를 갓 졸업한 많은 젊은이들의 생각과 같았다. 그들은 단독목사나 담임목사 자리를 맡을 수 없다면 청소년 사역이 아닌 한, 기꺼이 부목사로 섬기려 한다. 실제로 청소년 사역에 너무나 적합하지 않은 이들도 있다. 그러나 신학교를 갓 졸업한 이들 중 대다수는 몇 년간 청소년 사역을 담당하면서 유익을 얻을 수 있다.

나는 멘토들 중 한 명과 구체적인 대화를 나누며 청소년 사역을 고려하게 되었다. 당시 신학교 2학년이었던 나는 그때가 지역 교회에서 나의 가르치는 은사를 활용할 적기라는 생각에, 멘토인 목사에게 조언을 구했다. 그는 자신의 서재로 나를 정중히 초청했고 나는 책상 맞은편 의자에 앉았다. 그는 의논하고 싶은 것이 무엇인지를 물었고, 나는 가르치는 은사를 교회의 유익을 위해 사용하고 싶다고 설명했다. 그러자 그는 "좋아요! 유치부 주일학교 학급에서 가르치는 사역을 시작하세요"라고 대답했다. 곧바로 나는 그것이 내가 생각한 사역이 아님을 밝혔다. 나는 어린이 사역자로 부르심받은 것이 아니었다. 나는 신학교에서 훈련을 받았는데 그 목사님은 내가 훨씬 더 큰일을 할 수 있다는 걸 모르시는 것 같아 안타까웠다. 그는 지혜롭고 적절하게 말했다. "제이슨, 다섯 살짜리 아이들을 맡을 기회를 드릴게요. 그들에게 복음의 진리를 분명히 전할 수 있으면 성인에게는 더 쉽게 전할 수 있을 거예요." 우리의 대화는 거기서 끝났다. 나의 기대는 무산되었지만, 나는 곧 그가 옳다는 것을 깨달았다. 만일 당신이 유치원 아이들이나 고등학생들에게 성경의 진리를 분명하고 정확하고 효과적으로 가르칠 수 있다면, 어른들에게 훨씬 더 잘 가르칠 수 있을 것이다.

당신은 가르치는 은사와 지휘하는 은사를 지녔는가? 청소년 사역을 간과하지 말라. 그것은 복음 사역자의 소명을 감당하기 시작하는 데 좋은 영역이다. 청소년 담당 목사로 지내다 보면 종종 자신의 방식으로 목회를 시도해 볼 기회를 얻는다. 조직, 프로세스, 목표, 목적, 자원봉사자, 제자훈련, 교육 등에 대한 생각을 정립할 기회를 얻을 것이다. 또한 당신은 아이들뿐 아니라 그들의 부모를 대상으로 사역하는 법도 배울 것이다. 왜냐하면 좋은 청소년 담당 목사는 학생들의 부모까지 관여하고 살피기 때문이다. 한편 청소년 중에는 제멋대로인 아이들, 미지근한 태도를 지닌 아이들, 낙심한 아이들, 냉소적인 아이들도 있다. 그 가운데 당신은 성경의 가르침을 사역의 기반으로 삼기보다는 그럴 듯한 술책에 의존하려는 유혹에 직면할 것이다. 그러므로 그 모든 것을 잘 이겨내고 청소년 사역을 잘 감당하는 사람은 장래에 더 나은 단독목사나 담임목사가 될 수 있다.

청소년 사역은 장래 목회를 위한 훈련 이상으로 훨씬 더 큰 유익이 있다. 목회 열매들 중 가장 지속적인 것이 학생들을 통해 맺힐 것이다. 많은 학생들은 자신의 영적인 삶에 중요한 영향을 미친 사람이 당신이라고 생각할 것이다. 나는 10년 동안 청소년 담당 목사였는데, 그때 맡은 학생들 중에 지금도 내게 조언을 구하는 이들이 있다.

청소년 사역을 고려해 보라. 청소년 사역은 덜 중요한 분야가 아니다. 학생 사역을 잘 감당할 수 있으면, 교회의 어떤 영역이든 잘 감당할 수 있을 것이다. 덧붙여서 그 직무를 맡았다면 반드시 하나님의 말씀을 그들에게 가르쳐야 한다. 게임을 하고 스키 여행을 가고 피자 파티를 여는 것도 중요하지만, 무엇보다도 살아 역사하는 하나님의 말씀을 그들에게 먹여야 한다(히 4:12). 그들이 말씀을 이해하며 적용하는 것을 보면 놀랄 것이다. 아이들과 함께하며 그들을 위해 일하라. 당신에게 축복이 임할 것이다.

# 7장
# 교회 개척자

—

또 내가 그리스도의 이름을 부르는 곳에는 복음을 전하지 않기를
힘썼노니 이는 남의 터 위에 건축하지 아니하려 함이라(롬 15:20).

교회 개척을 고려해 본 적이 있는가? 하나님 나라를 확장시키는
방법으로 새로운 교회를 개척하는 것보다 더 나은 것은 거의 없다.
주님이 교회를 시작하도록 당신을 부르고 계실 가능성에 대해서도
생각해 보길 바란다.

먼저 당신을 교회 개척자로 부르시는지를 분별하려면, 교회 개척
자에게 어떤 은사가 필요한지를 고려해 볼 필요가 있다. 분명히 그
는 설교, 가르침, 리더십, 목양, 제자훈련, 복음 전도의 은사들을 지
니고 있어야 한다. 또한 그는 공동체 구성원들에게 비전을 제시하
고 가르치는 능력이 있으며 자발적으로 행동하는 사람이어야 한다.

그리고 길 잃은 자들에 대한 사랑이 최우선이어야 한다. 이 모든 은사를 뒷받침하기 위해서는, 하나님의 말씀을 전하고 적용하며 신실하고 적극적인 기도 생활을 유지해야 한다.

그 외 내가 파악한 교회 개척자에게 중요한 자질도 있다. 나는 어떤 분야에서도(시카고 스타일 피자와 저칼로리 콜라인 다이어트 코크라면 몰라도) 전문가는 아니다. 따라서 교회 개척에 대해서도 전문가는 아니다. 그러나 여러 해 동안 교회 개척자로 일하면서, 교회 개척자에게 필요한 자질들에 대해 이해하게 되었다. 그것들은 내가 예전에는 전혀 고려하지 않았던 것들로, 이제는 필수가 아니라도 유용하다고 말할 수 있는 자질들이다. 사실 교회를 개척하는 젊은이가 많이 필요하지만, 만일 당신이 그러한 자질들이 없다면, 교회 개척에 섣불리 뛰어들어서는 안 된다. 다음은 교회 개척을 고려하는 사람이 지니면 좋은 자질들이다.

**갈등 속에서도 편안하다.** 갈등을 누가 좋아하겠는가? 그런 사람은 거의 없다. 하지만 교회 개척자는 갈등을 즐기지 않더라도 견딜 수 있어야 한다. 교회 개척과 조직된 교회 사역의 가장 큰 차이는 교회 개척자가 모든 문제에 거의 혼자 '맞서야' 한다는 것이다. 교회가 미조직 상태라서 리더들이 적으니, 교회 개척자는 대체로 갈등을 혼자서 감당해야 한다. 갈등이 생길 거라는 예측은 예언자가 아니라도 할 수 있다. 냉소자들은 과녁이 필요하며 그 대상으로 교회 개척자가 적격이다. 갈등이 있는 가족은 중재가 필요해 교회 개척자에게 상담을 구하고, 험담하는 자들에게는 교회 개척자 외에 경고할 사람이 없을 것이다. 그 와중에서도 교회 개척자는 그 짐을 견디고 사역을 계속해 나가야 한다.

**자신의 약점을 안다.** 교회 개척자와 회중 사이에는 완충 역할을 하는 것이 거의 없다. 인원이 적기 때문에 교회 개척자와 회중은 물리적·정신적·영적으로 서로 가깝다. 그 결과 교인들은 종종 자신도 모르는 사이에 사역자의 약점을 반영하거나 모방하게 된다. 만일 목사가 처음부터 자신의 약점을 알지 못한다면 시일이 지나 그것을 알게 되었을 때쯤 이미 심각한 상처나 불필요한 고통을 당하고 있을지도 모른다.

**동시에 여러 가지 일을 한다.** 우리 모두가 알 만한 그림 하나가 머릿속에 떠오른다. 여러 막대기 끝에 놓인 접시를 돌리는 사람에 대한 그림이다. 그가 어떻게 그리하는지 모르지만 사실 그것은 매우 균형 잡힌 행동으로, 교회 개척자의 바람직한 모습이다. 일단 당신이 교회 개척의 세계로 들어왔다면 환영한다. 교회 개척자는 여러 가지 일을 동시에 할 수 있어야 한다. 그는 매일 교회 생활과 목회의 영역에 연루될 것이다. 설교로부터 상담, 예배 준비, 유아실 장난감 세척에 이르기까지 모든 일을 해야 한다. 비서, 목사, 전화 응답자, 비상 운전자, 유아 돌보는 사람 모집자 등 하루에도 수많은 역할을 해내야 한다. 담임목사나 단독목사도 여러 가지 역할을 하지만 대체로 교회 개척자가 더 그러하다.

**끈기 있는 성품이다.** 어떤 이들은 다른 사람들에 비해 빨리 포기한다. 예를 들어 고등학교 미식축구부에는 하루 두 차례 훈련에 참석하는 학생들이 있는가 하면, 중도에 포기하는 학생들도 있다. 어떤 학생은 경기에 지면 다시는 경기에 나서지 않고, 또 어떤 학생은 경기에 지더라도 성공할 때까지 계속하기로 다짐한다. 끈기는 교회 개척에 매우 필요한 성품이다. 왜냐하면 교회 개척 과정에서는 밀물과 썰물이 잦기 때문이다. 어떤 주에는 한 가족이 방문하여 관심을 보이다가 다음 주에는 네 가정이 떠나겠다고 해서 회중이 절반으로 줄어든다. 도대체 자신이 무엇을 하고 있는지 의아한 한 주, 한 달, 한 해가 이어질 것이다. 따라서 끈기가 매우 중요하다. 교회 개척의 성공 여부가 끈기에 달려 있을 수 있다.

**물러날 수 있다.** 교회 개척자에게는 끈기뿐만 아니라 필요한 경우에 물러날 수 있는 능력도 동일하게 중요하다. 그가 복음을 전하기 힘든 지역에서 여러 해 동안 수고했으나 어느 순간 처음의 열정과 에너지가 사라질 수도 있다. 그때 그는 다른 사람에게 리더십을 넘기거나 사역의 문을 닫을 때가 언제인지 결정해야 한다. 이 일에는 분별력 있는 자기 인식과 겸손이 필요하다.

**겸손하다.** 물론 모든 목사는(모든 그리스도인도 그러하지만) 겸손해야 한다. 하지만 실제로는 겸손한 사람을 찾아보기 힘들다. 하지만 교회 개척자들에게는 겸손이 필수적인 성품이다. 교만은 다른 그 무엇보다 더 빨리, 교회 개척에 쏟은 모든 노력과 형성된 지 얼마 안 된 회중을 망가뜨리기 때문이다.

**모든 유형의 사람들을 사랑한다.** 이것은 모든 목사에게 해당하는 사항이면서 하나의 도전일 수 있다. 교회 개척은 조직된 교회가 거의 하지 않는 방식으로 온갖 종류의 사람들을 끌어들인다. 우리의 바람과는 달리 조직된 교회들은 대부분 중산층 교회, 교리적인 교회, 흑인 교회, 젊은이 교회, 홈스쿨 교회와 같은 명성을 지닌다. 교회를 개척했을 때 처음부터 특징이 보이는 경우는 드물다. 계속해서 다양한 사람이 들어오기 때문이다. 그때 교회 개척자는 그들 모두를 똑같이 사랑하며 섬겨야 한다.

교회 개척만큼 보람된 사역은 거의 없다. 한두 가족과 함께 시작한 공동체가 견고하고, 믿음으로 충만하고, 복음을 선포하는 조직교회(established church, 복수 장로가 세워져 당회가 구성된 교회를 의미함—편집주)로 성장하는 모습을 보는 것은 기쁘고도 겸허해지는 경험이다. 세상에는 기꺼이 이 사역을 감당하겠다고 용감히 맞서는 젊은이들이 더 많이 필요하다. 하나님이 당신을 이 일로 부르시는지 분별해 보라.

# 3부
# 격려

# 8장
# 목회의 비결과 단순성

—

내가 교회의 일꾼 된 것은 하나님이 너희를 위하여 내게 주신 직분을 따라 하나님의 말씀을 이루려 함이니라(골 1:25).

목회 사역은 야구와 비슷하다. 둘 다 매우 단순하지만 이것을 지나치게 복잡하게 만들 수 있다는 점에서 그렇다. 실제로 야구는 병살타, 보크, 도루, 주루 방해 등이 복잡하게 얽혀서 그 단순성이 흐릿해질 수 있지만, 핵심은 그저 달리고 공을 때리고 던지고 잡는 것일 뿐 그 이상도 그 이하도 아니다. 경기의 다른 면은 모두 부차적이다. 목회도 매우 단순하다. 다만 그리스도와 그분의 백성들과 하나님의 말씀을 사랑하는 것일 뿐이다. 목사는 설교단 위에 설 때, 이세 가지 사랑을 메시지에 담는다. 또한 제자화 과정에서 사람을 만날 때, 이 세 가지 사랑으로 조언한다. 병원에 있는 교인을 방문할 때도, 이 세 가지 사랑으로 심방한다. 즉, 이 사랑이 신실한 목사의 삶과 사역을 이루고 이끄는 것이다.

목사는 그리스도를 사랑해야 한다. 목사의 사역의 목표와 목적은 하나님이다. 그러므로 아무런 표창도 구하지 않고, 아무런 보상도 필요하지 않으며, 아무런 찬사도 바라지 않는다. 오직 그리스도 안에서 하나님께 영광 돌리는 일에만 초점을 맞춘다(고전 10:31). 즉 하나님만 높임과 찬양을 받으시길 바라는 것이다. 따라서 그리스도를 전하고(고전 1:23), 다른 사람들을 그리스도께 인도하며(고전 2:2), 그리스도의 진리로 다른 이들을 위로한다. 또한 그분의 말씀을 가르치며(골 1:28), 그분에 대한 소망을 전파한다. 결국 목사의 전체 사역을 이루고 이끌어 가는 것은 그리스도를 향한 사랑인 것이다.

하지만 그리스도를 향한 사랑만으로는 충분하지 않다. 목사는 그분의 백성들도 사랑해야 한다(요일 2:10). 요한복음 끝부분에는 베드로가 예수님을 세 차례 부인한 후에 예수님이 그에게 삼중의 회복을 시도하시는 내용이 나온다. 예수님은 베드로에게 "네가 이 사람들보다 나를 더 사랑하느냐" 하고 물으신다. 이에 베드로가 "그러하나이다 내가 주님을 사랑하는 줄을 주님께서 아시나이다"라고 대답하자, 예수님은 "내 양을 먹이라"고 말씀하신다(요 21:15-17). 이렇듯 그리스도를 향한 사랑은 그분의 백성들을 향한 사랑을 수반해야 한다(마 22:37-39). 목사가 삼위일체 위격의 연합과 재림에 대해 그럴싸하게 설명할 수 있어도 사랑이 없으면 그것은 "소리 나는 구리와 울리는 꽹과리"에 지나지 않는다(고전 13:1). 그리스도의 백성들을 향한 사랑과 그리스도를 향한 사랑은 분리할 수 없다. 이 사랑이 목회를 위한 모든 결단과 행동과 동기를 이끌 것이다. 그러면 목사는 그리스도의 백성들을 제일 먼저 생각하고 그 생각이 마음 깊이 자리 잡을 것이다. 사도 바울이 말하듯이, 목사는 그리스도의 백성들을 "나의 사랑하고 사모하는 형제들, 나의 기쁨이요 면류관"으로 여겨야 한다(빌 4:1). 목사로서 교인들을 더 많이, 잘 사랑하라.

그리스도를 사랑하고 그분의 백성들을 사랑하면 당연히 그분의 말씀도 사랑하게 된다. 하나님을 사랑하기에 그분의 음성을 사모하는 것이다(시 119:16). 성경에는 그분의 진실하고 분명하며 거룩하신 음성이 기록되어 있다(딤후 3:16). 살아 있는 말씀은 성경뿐이다. 그러므로 당신은 하나님의 백성들을 사랑하고자 할 때, 그분의 영광을 위해 말씀의 능력이 그들에게 임하게 해야 한다. 당신의 보살핌 아래에 있는 이들에게 이보다 더 큰 선물은 없다. 하나님의 말씀만큼 그들에게 큰 유익을 주는 것이 없기 때문이다. 그 어떤 스스로 도우라는 이야기, 실천적인 조언, 세상의 지혜도 그들 영혼의 심각한 문제를 충분히 치유해 주지 못한다. 그러므로 목사는 하나님과 그분의 백성들을 향한 사랑에 고무되어 그분의 말씀을 전하고 가르치며 선포해야 한다.

실로 목회는 복잡해질 수 있지만, 목사로서 당신은 그렇게 되지 않게 해야 한다. 모든 행정과 설교 준비와 모임과 상담과 심방에서 목회의 단순성을 잊어버리지 말라. 그리스도와 그분의 백성들과 그분의 말씀을 향한 사랑이 당신의 동기와 행동의 중심이 될 때, 모든 것이 제자리를 잡는다. 당신의 초점을 이 사랑의 삼중 태피스트리(여러 가지 색실로 그림을 짜 넣은 직물—편집주)에 맞추어, 사역이 하나님을 영화롭게 하는 데 집중될 수 있도록 하라.

# 9장
# 목회 초기의 초점

━

너는 진리의 말씀을 옳게 분별하며 부끄러울 것이 없는 일꾼으로 인정된 자로 자신을 하나님 앞에 드리기를 힘쓰라(딤후 2:15).

내가 신학교를 졸업하고 사역할 교회를 찾고 있을 때 한 교회로부터 목사로 지원하라는 초청을 받았다. 그들은 내게 몇 차례 설교를 요청했고 그로부터 몇 주 후에 그 교회의 목사로 사역할 수 있는지 물었다. 안타깝게도 그 교회는 이전의 목사가 신학적 오류가 있는 내용을 소개해서 신학적 이단에 휩쓸렸고, 회중과 장로들은 이 문제에 대한 입장을 분명히 하기 위해 여전히 노력하고 있었다. 그러나 문제를 더 어렵게 만든 것은, 교회가 교단의 가르침을 따르지 않는다는 점이었다.

나는 어떻게 할지 결정할 수 없었다. 나는 목회를 하고 싶고 나를 목사로 청빙하길 원하는 지역 교회가 있지만, 그 교회는 문제로 가득했다. 그때 한 선배 목사가 유용한 조언을 해주었다. 앞서 언급한 것처럼, 그는 "목회 초기에는 논쟁에 말려들지 마세요. 목회 첫 해에는 무엇보다 성경 배우는 일에 몰두하세요"라고 말했다. 그것은 건전하고 경건한 조언이었다. 나는 조언을 받아들여 그 교회의 담임목사를 맡지 않기로 결정했다. 그것은 내 생애 최선의 결정 중 하나였다.

사도 바울은 "모든 성경은 하나님의 감동으로 된 것으로 교훈과 책망과 바르게 함과 의로 교육하기에 유익하니 이는 하나님의 사람으로 온전하게 하며 모든 선한 일을 행할 능력을 갖추게 하려 함이라"(딤후 3:16-17)라고 말한다. 목사로서 우리는 성경을 공부하고 가르치며 성경대로 살기로 결심해야 한다. 회중은 하나님의 말씀을 알고 그 말씀으로 호흡하며 그 속에 거하는 목사를 필요로 한다. 그들에게는 그리스도의 말씀을 통해 살아 계신 그분과 매일 만나는 목사가 필요하다. 목사가 그들에게 줄 수 있는 것은 말씀이기 때문이다. 목사는 이것을 기반으로 회중을 가르치고 책망하고 바로잡고 훈련하며 구비시킨다. 결국 말씀을 알지 못하면 목회를 제대로 감당할 수 없다.

내가 공부했던 신학교의 교수들 중 한 분은 한때 "다른 무엇보다 영어 성경을 잘 알아야 합니다"라고 말했다. 당시 교만했던 나는 동의할 수 없었다. 나는 헬라어, 히브리어, 신학, 윤리학, 상담의 기초를 잘 알고 있었고, 영어 성경은 부차적인 것이라고 생각했기 때문이다. 하지만 그 교수의 말이 정확히 옳았다. 영어 성경에 대한 지식은 다른 모든 것을 위한 기초를 제공해 준다. 사실 나의 상담 기술로는 곤경에 처한 사람을 궁극적으로 돕지 못한다. 그에게는 살아 있는 말씀의 위로가 필요하다. 또한 나의 변증적 기술로는 회의론자를 궁극적으로 돕지 못한다. 그에게는 말씀의 진리가 필요하다. 내 설교로는 회중의 영적 상태가 궁극적으로 강해지지 않는다. 그들에게는 말씀의 권위가 필요하다. 그러므로 당신은 하나님의 말씀을 알아야 한다. 그것만이 교인들에게 생명을 준다. 만일 목사가 하나님의 말씀에 집중하지 않는다면 교인들에게 아무것도 주지 못할 것이다.

목회 초기에는 신경써야 할 것들이 너무나 많지만, 하나님의 말씀을 철저하고, 정확하고, 확실하게 아는 것이 가장 중요하다. 당신의 영혼과 생각과 마음을 거룩한 말씀에 푹 담그라. 말씀을 읽고 묵상할 시간을 확보하라. 힘들지만 말씀을 암송하는 일을 마다하지 말라. 한 번에 앉은 자리에서 책 한 권 전체를 읽으라. 66권 각각의 개요를 암송하여 거기 수록된 내용을 기억하라. 회의론자, 의심하는 자, 죄악에 빠진 그리스도인에게 알려 줄 성경 말씀을 찾아 알고 있으라. 우울증, 근심, 부부 갈등, 음욕, 탐욕, 교만과 씨름하는 사람에게 적용할 성경 말씀을 파악하라. 그리스도의 통치, 복음의 본질, 부활의 소망, 교회의 특성에 대해 의심하는 사람에게 말할 내용을 성경에서 찾아 정리하라. 교회 정치와 성례전과 하나님의 명령에 대해 이해하고 확신한 구절들을 교인들에게 알려줄 수 있도록 준비하

라. 한편 교인들은 당신이 하나님의 말씀을 안다는 것과 당신이 진리의 말씀을 옳게 분별하므로(딤후 2:15) 권위 있게 말한다는 것을 알 필요가 있다. 따라서 당신은 확신에 차서 사역하기 위해 하나님의 말씀을 분명히 알고 있어야 한다.

내가 이렇게 조언하는 것은 성경 지식에 대한 교만으로 가득해지거나 성경퀴즈대회에서 우승할 수 있게 하려는 것이 아니다(막상 성경 퀴즈대회에서 고등학생들을 이기면 기분 좋겠지만). 본질적인 것은 목회 사역의 모든 측면에서 하나님의 말씀을 철저히 의지하라는 것이다. 말씀이 사역의 기초이다(엡 2:20). 하나님의 말씀의 진리로 가득한 목회가 가치 있는 목회이다. 만일 당신이 말씀을 잘 모르고 말씀에 입각하여 사역하길 원하지 않는다면, 다른 직업을 찾아야 한다.

교회와 자신을 위해 말씀에 시간을 할애하라. 목회 초기에 하나님의 말씀을 철저히 알기 위해 할애한 시간에 대해서는 결코 후회하지 않을 것이다. 이후 당신은 그 지식을 계속 활용할 수 있으며 말씀에 대한 당신의 지식과 사랑은 점점 더해갈 것이다.

# 10장
# 눈을 크게 뜨라

### 자주 읽고 폭넓게 읽으라

거만한 자는 지혜를 구하여도 얻지 못하거니와 명철한 자는 지식 얻기가 쉬우니라(잠 14:6).

독서하지 않는 목사는 성장하기 힘들다. 목사는 말씀 사역으로 부르심을 받았는데, 이 사역의 가장 핵심이 바로 독서이다. 이는 목사가 공부해야 함을 뜻한다. 목사는 말씀, 말씀의 신학, 말씀의 적용을 비롯해 교회사, 거짓 종교들, 문화, 사람, 철학, 시사를 공부한다. 하지만 모든 분야에서 전문가가 되는 것이 목표는 아니다. 최신 동향이나 잡지 기사나 교육철학을 모두 알 필요는 없지만, 지속적으로 배우려는 태도가 필요하다. 목사의 목표는 더 많이 배워서 하나님의 말씀의 진리를 잘 전하는 것이기 때문이다.

다음은 그 목표를 이루기 위한 구체적인 실천사항이다.

**자주, 폭넓게 읽으라.** 자주 읽는 것은 시간을 들여 생각을 명확하게 만드는 훈련이다. 당신이 많이 읽을수록 오류와 진리를 더 잘 분별할 수 있다. 지식의 토대가 더 넓어지고 어떤 논지의 함축된 뜻을 더 잘 이해할 수 있다. 또한 폭넓은 독서는 다른 사람들에게 진리를 더 효과적으로 전할 수 있게 해준다.

**독서 계획을 세우라.** 마음을 다잡고 방해받지 않으며 깊이 생각하는 독서를 위해 매주 시간을 짜라. 하루에 20분만 할애하면 놀랄 만큼의 독서를 할 수 있다.

**당신의 능력을 넘어설 정도로 읽으라.** 정규적인 자신의 이해 수준을 넘어설 정도까지 많이 읽어야 한다. 당신의 정신적 역량과 신학적 통찰력에 도전을 주는 책과 잡지 기사들을 읽고 새로운 분야를 탐구하라. 운동선수가 몸을 단련하듯이, 목사는 생각을 단련해야 한다.

**주석을 읽으라.** 매주 설교 준비를 할 때 다양한 주석을 많이 활용하라. 읽고 탐독하며 비교하라. 다른 전통의 주석에 놀라지 말라. 광범위한 독서로 당신의 신학에 자극을 주고 그 신학을 강화하라.

**신학 서적을 읽으라.** 신학 지식을 지속적으로 확대하라. 한두 가지 신학 잡지를 구독하라. 2년 주기로 조직신학을 전반적으로 훑어보거나 기독론이나 교회론 같은 각론을 각각 여러 달씩 공부하는 것이 유용하다.

**역사와 전기를 읽으라.** 역사와 전기는 어려운 목회 과정에 격려가 될 뿐만 아니라 매우 유용한 설교 예화를 제공해 준다. 교회사와 국사와 세계사에 대한 책을 읽으라. 선교사, 목사, 탐험가, 대통령,

장군, 왕들의 전기를 읽으라. 그들이 직면했던 시련, 그들이 경험했던 리더십, 그들이 실천했던 삶의 원칙은 당신의 목회와 리더 역할에 큰 도움을 줄 것이다. 신실한 하나님의 사람들에 대한 전기는 나의 목회에도 지대한 영향을 미쳤다. 어려움을 당해도 설교에 헌신했던 칼빈, 리처드 백스터의 목회적 돌봄, 데이비드 브레이너드의 거룩성 추구, 조나단 에드워즈의 지적 열정, 윌리엄 윌버포스의 용기, 윌리엄 캐리의 불굴의 인내, 조니 에릭슨 타다의 신앙은 나를 더 나은 목사가 되게 하는 데 큰 영향을 미쳤다. 또한 나는 존 애덤스, 스톤월 잭슨, 데오도어 루즈벨트, 윈스턴 처칠, 해리 트루먼, 더글라스 맥아더, 루이스 잼페리니 등 다양한 사람을 통해 리더십과 삶의 철학을 배웠다. 이렇듯 역사와 역사 속 인물들은 우리에게 많은 것을 가르쳐 준다.

**소설을 읽으라.** 나는 역사를 좋아하기에 소설을 읽으면서 얻는 유익을 알게 되기까지 여러 해가 걸렸다. 소설은 창의성을 자극하고 상상력의 불을 지핀다. 이는 다른 사람들을 섬기거나 설교할 때 목사에게 필요한 자질이다. 좋은 설교자는 자신의 설교가 신실할 뿐만 아니라 매력적일 필요도 있다고 생각한다. 그러므로 뛰어난 소설가들이 어떤 단어와 문구, 예화, 등장인물의 변화를 통해 독자의 관심을 사로잡는지 주시하고 그것을 설교에 적용하라.

소설 작품들은 사람들의 심리와 경험과 감정에 대한 유용한 통찰을 제공한다. 그것을 통해 당신은 사람들의 정서와 생각과 행동을 이해하게 되고, 결과적으로 그것은 목회에 도움이 될 것이다.

**고전을 읽으라.** 새 책과 새 개념을 읽고 이해하는 것을 넘어 오래된 책들을 잊지 말라. 시간의 검증을 거친 책들을 읽으라. 그것이 고전인 데는 이유가 있다. 모든 '새' 개념은 옛 개념들 위에 세워진 것이다. 즉 고전은 '새로운 것'을 이해하는 기초를 제공할 것이다.

**선택하라.** 모든 것을 읽을 수 없으므로 시간과 노력을 들일 만한 가치가 있는 것부터 읽으라. 만일 읽기 시작한 책이 생각과 다른 내용이라면 기꺼이 중단해도 좋다. 같은 맥락으로 책의 내용을 글자 하나 하나 다 읽을 필요는 없다. 어떤 책은 내용을 건너뛰며 읽는 것이 좋은가 하면, 어떤 책은 메모하면서 정독하는 것이 좋다. 책을 읽어 보면 중간 내용을 건너뛸지, 아니면 천천히 정독할지 곧 알 수 있을 것이다. 그때 당신의 직감을 따르라. 새로운 베스트셀러나 신학 서적은 모두 읽어야 한다고 생각하지 말라. 사실 가장 대중적인 책이 서가에 가장 짧게 머물기도 한다. 그러므로 당신의 영혼과 사역에 유익한 책을 읽는 것이 가장 좋은 원칙이다.

**책을 경청하라.** 이 장의 제목인 '눈을 크게 뜨라'와는 어울리지 않아 보이지만 여기서 나는 오디오북에 귀 기울이라고 권하고 싶다. 오디오북을 듣는 것은 내가 가장 좋아하는 취미 생활 중 하나로, 나는 주로 운전하면서 오디오북을 듣는다. 특히 앉아서 읽으려고 애쓰던 책을 오디오북으로 듣는 것을 좋아한다. 약속 장소로 가거나 심부름하거나 컨퍼런스로 차를 몰고 가는 시간을 활용하라. 이런 식으로 당신은 많은 책들을 읽을 수 있다.

# 11장
# 첫 번째 양떼를 목양하라

### 가족 돌보기

—

누구든지 자기 친족 특히 자기 가족을 돌보지 아니하면 믿음을 배반한 자요 불신자보다 더 악한 자니라(딤전 5:8).

나는 아직 가족을 소홀히 할 의도로 목회에 들어서는 사람을 만난 적이 없다. 그러나 어떤 이들은 목회의 막바지에 이르러 교회를 돌보느라 가족을 보살피지 못한 것을 가장 후회한다. 가족을 목양하지 않는다면 결국 교회를 잘 목양하지 않는 것이다. 그리고 가족의 영적 필요를 돌보지 않는 목사는 가족에게 필요한 것을 제대로 공급하고 있지 않는 것이다.

바울은 "누구든지 자기 친족 특히 자기 가족을 돌보지 아니하면 믿음을 배반한 자요 불신자보다 더 악한 자니라"고 말했다(딤전 5:8). 비록 바울은 물질적인 돌봄에 대해 말하지만, 그 말은 가족의 영적 필요에도 적용된다. 가족은 교회의 일원이며, 그들은 주님이 당신에게 맡긴 첫 번째 양떼다. 목사가 교회 목양이라는 미명 아래 가족 목양을 저버리는 것은 어리석은 행동이다.

나는 목사가 목회 사역을 하는 동안 가족을 돌보는 방식에 대해 긴 목록을 작성할 수 있다. 그 내용이 굉장히 많지만, 여기서는 가장 중요한 몇 가지를 논의하고자 한다.

당신은 목회직을 처음 맡거나 새로운 교회를 섬기게 될 때, 당신의 아내가 교회 안에서 맡을 역할에 대한 입장을 분명히 밝혀라(3장에서 이미 언급했지만 반복할 만한 가치가 있다). 교회의 장로들과 회중은 물론, 아내에게도 이러한 입장을 분명히 전하라. 당신이 회중의 한 사람에게 기대하는 것 이상을 아내에게 기대하지 않음을 모두(가장 먼저 당신의 아내를 비롯해) 알아야 한다. 목회와 관련하여 당신의 아내는, 먼저 당신의 아내이며, 둘째로 당신의 자녀의 어머니이며, 셋째로 교회의 다른 멤버처럼 섬기기를 기대해야 한다. 물론 아내가 보통의 평신도 이상으로 섬길 수 있지만, 그것이 당신이나 교회가 기대하는 사항이어서는 안 된다. 당신은 아내에게 이 점을 자주 반복해서 이야기할 필요가 있다. 당신이 일관된 목소리를 내면, 아내에게 반대 목소리들이(내면의 소리든 외부에서 들리는 소리든) 들리지 않게 하는 데 도움이 될 것이다. 그러므로 확신을 가지고 아내를 자주 격려하라.

당신의 아내도 교회의 멤버이므로, 당신은 교회의 은밀하고 민감한 문제를 자세하게 이야기할 때 조심해야 한다. 어떤 목사는 자신의 하루 일정, 교회, 사역에 대해 거의 말하지 않는 실수를 범하여 아내에게 소외감을 느끼게 한다. 그러나 이 시대에는 목사가 아내에게 너무 많은 이야기를 하는 경우가 더 흔하다. 목사는 아내를 사랑하고 자신이 겪는 어려움이 어떤 것인지 아내가 알기를 원하기 때문에 그런 잘못을 범하기 쉽다. 그런데 이 사실을 기억하라. 아내는 당신의 막역한 친구로 함께 교회를 섬기지만, 교회의 상황이나 멤버의 어떤 부분에 대해서는 모르는 것이 아내에게 유익하다.

목사는 "말이 많으면 허물을 면하기 어려우나 그 입술을 제어하는 자는 지혜가 있느니라"(잠 10:19)라는 말씀을 숙고할 필요가 있다.

두 가지 원칙을 명심하라. 아내의 예배를 방해할 수 있는 것은 아내에게 이야기하지 말라. 또한 아내가 교회 내의 한 사람이나 그룹에 대한 시기, 분노, 증오심으로 씨름하게 될 내용은 혼자만 알고 있으라. 당신의 아내는 교회에서 예배하는 사람이며 몸의 지체이다. 따라서 아내와 대화할 때에는 항상 이 원칙을 기억해야 한다.

나는 가족을 잘 목양하기 위해 가능한 저녁에는 집에 있으려고 노력한다. 가정에서 함께하지 않는 가족은 위기에 빠진 것이다. 목회 사역을 시작할 때, 나는 한 주에 사흘 밤 이상 저녁 시간에 집을 비우지 않겠다고 아내와 약속했다. 때로 약속을 지킬 수 없는 주도 있지만, 이 약속이 가족과 함께하는 시간을 확보하게 해 주었고 이것은 우리 가정에서 소중한 역할을 해 왔다. 이것이 당신에게는 해당하지 않는 원칙일 수 있으므로 당신의 가족에게 맞는 적절한 원칙을 찾아보라. 집에서 가정 예배를 인도하고, 자녀들과 기도하고, 아내와 함께하는 시간을 보내고, 저녁 식사 음식을 요리하며, 아이들에게 이불을 덮어 주라. 양들과 함께하는 시간을 갖지 않는 목양은 불가능하다.

신실한 목자는 양들의 필요를 알고 있다. 가족에게 필요한 것이 무엇인지 파악하라. 목사의 아내는 보통의 아내들과 매우 다르며 목사의 가족은 독특한 삶의 여정을 지닌다. 목사가 매일 저녁에 책을 읽을 수 있는 것은 아내가 대화 시간을 덜 요구하기 때문이다. 하지만 아내가 대화를 더 많이 필요로 한다면, 책을 내려놓아야 한다. 또한 목사는 며칠 동안 집을 비울 수 있는데, 어떤 가정에서는 그가 하루만 집에 없어도 힘들어할 수 있다. 만일 그렇다면, 가족의 상황이 바뀔 때까지 며칠 동안 집을 비우는 컨퍼런스나 강연을 보류해야 한다. 당신의 가족을 정확히 알고 그들을 돌보라. 예수님은 그분의 양을 아는 선한 목자이고, 그분의 양도 그를 안다(요 10:14). 그러므로 당신도 당신의 양을 잘 알아야 한다.

가족을 보살필 때 당신이 지닌 축복을 활용하라. 너무나 많은 목사들이 가족을 보살필 때 목양의 위대한 축복 중 하나인 융통성을 간과한다. 목회자의 삶은 긴 사역 시간, 짧은 주말, 수많은 저녁 모임으로 채워져 있다. 그러나 목사는 은행원이나 고객 서비스 관리자나 소매업자가 할 수 없는 방식으로 자신의 일정을 조정할 수 있다. 교회와 가족에게 필요한 것을 고려해 융통성을 발휘하라. 학교로 찾아가서 자녀와 함께 점심 식사를 하거나 아내의 스트레스가 많은 주간에 아내를 돕기 위해 아침 일정을 다시 잡아 보라. 또한 자녀를 병원에 데리고 가기 위해 서재로 가는 시간을 늦추라. 이렇게 시간 활용 면에서 당신이 받은 축복을 활용하라.

반면 당신의 가족을 과잉보호하지도 말라. 그들은 당신과 함께 목회의 기쁨과 고난을 모두 경험할 것이다. 이것은 그들이 받은 소명의 일부이다. 당신이 모든 다툼이나 무례한 판단 또는 험한 말이나 비판적인 견해로부터 가족을 지켜 줄 수는 없다. 모든 상황에서 가족을 지키고 싶겠지만, 고난이 당신의 유익을 위한 것인 만큼, 그들의 유익을 위한 것이기도 하다는 사실을 아는 것이 지혜롭다. "부당하게 고난을 받아도 하나님을 생각함으로 슬픔을 참으면 이는 아름다우나"(벧전 2:19).

대개 자신의 가족을 잘 돌보는 목사는 교회도 잘 돌본다. 이 둘은 밀접한 연관이 있다. 작은 양떼를 잘 보살피라. 그러면 더 큰 양떼가 유익을 얻을 것이다.

# 12장
# 교회의 역사를 알라
## 당신이 섬기는 교회에 대해 배우라

—

사무엘이 돌을 취하여 미스바와 센 사이에 세워 이르되 여호와께
서 여기까지 우리를 도우셨다 하고 그 이름을 에벤에셀이라 하니
라(삼상 7:12).

내가 경험을 통해 배웠듯이, 당신도 섬기는 교회의 배경을 연구
하면서 큰 유익을 얻을 수 있다. 당신이 섬기도록 부르심을 받은 교
회와 교인들의 역사를 배우라. 나는 새로운 교회로 청빙받을 때마
다 이 작업에 착수한다. 처음 몇 달 동안 교회의 오래된 멤버들을
만나 그들에게 점심을 대접하고 함께 이야기를 나누면서 지난 세월
주님의 사역이 그 교회에서 어떻게 진전되어 왔는지를 듣는다.

전임 목사들에 대해 물어 보라. 재직 기간이 짧았던 목사도 교회
에 어떤 흔적을 남긴다. 그들의 강점과 약점, 그들이 제시했던 비전,

그들과 가까웠던 교인들, 그들이 떠난 이유를 물어 보라. 이런 대화를 통해 당신은 그 교회에 대해 많이 배우게 될 것이다. 그들이 하는 말뿐 아니라 언급하지 않은 사실에도 주의를 기울여라. 예를 들어 그들이 교회에서 사람들이 구원을 얻는 믿음에 이르는 것에 대해 전혀 언급하지 않는다면, 전임 목사가 그것을 강조하지 않았을 수 있다. 그리고 그들이 아예 언급하지 않는 목사는 교회에 심한 고통을 남긴 사람일 수 있다. 분별력 있는 목회자의 귀로 경청하라.

당신의 역량을 최대한 발휘하여 그 교회에서 '집착하는 것'을 파악하라. 교회마다 바꾸길 원하지 않는 것이 있다. 예를 들어 예배 구조, 성가대, 교회 지붕의 종, 주중의 기도 예배, 예배당의 페인트 색이 포함될 수 있다. 그러므로 실수하지 말라. 모든 교회는 저마다 '집착하는 것'이 있으니 그것이 무엇인지를 알아내고 회중에게 왜 그것이 중요한지를 파악하라.

또한 교회의 다양한 시기를 이해하려고 노력하라. 그 교회를 섬겼던 여러 목사를 통해 그 시기를 규정하려는 사람들이 많다. 그런 생각으로 분별력이 흐트러지지 않게 하라. 그보다는 그 교회가 성장, 위축, 혼란, 연합, 풍성한 결실을 경험했던 때를 알아보고 대화의 요지를 파악하려고 노력하라. 그들이 특정한 시기에 교회가 건강했고 또 다른 시기에는 건강하지 않았다고 생각하는 이유는 무엇인지 살피고, 만일 그 교회가 최근 몇 년 동안에 교회 소유의 중요 부동산이나 소속 교단을 바꾸었다면 그 결정과 관련된 역사와 그 영향을 이해하려고 노력하라.

그 교회가 어떤 갈등을 겪었는지를 알아보라. 회중 가운데 이런 이야기를 상세히 하기를 꺼리는 이들이 있는 반면에, 이런 이야기를 먼저 알려 주길 원하는 이들도 있다. 어떤 식이로든 갈등이 언제 일어났는지와 그 원인을 알아 보라. 주요 갈등 중 다수는 한 가지 문제나 불과 몇몇 사람을 둘러싼 것일 수 있다. 당신이 이러한 역사를 알게 되면 다시 그런 갈등을 겪지 않게 주의할 수 있다. 또한 회중 가운데 줄곧 긴장을 유발하는 자들을 대처할 수 있는 준비를 갖출 수 있다. 실제로 교회의 리더십이 과거의 주요 갈등을 잘 처리하지 못해서 회중 가운데 많은 고통이 있는 경우도 있다. 그러나 사전 지식이 있으면 앞으로 어떤 이들이 당신과 당신이 추진하는 일에 대해 미온적인 반응을 보이거나 심지어 반대할 때 결정적인 도움이 될 것이다.

예산 수립 과정, 여성 사역, 권징 사례, 다양한 예배 형식, 가족의 갈등, 주변 교회들과의 관계, 각 가정의 역사, 목양하는 일과 관련된 모든 것을 알아보라. 교회의 역사를 잘 알면 과거를 보존할 뿐만 아니라 장래 풍성한 목회적 결실을 맺는 데 중요한 방편 중 하나를 확보하고 실책과 상한 감정과 분노를 피할 수 있다. 또한 이를 통해 교회는 교회의 역사를 배우는 데 시간을 내어 애쓰는 당신에게 감사할 것이며, 당신은 목회에 도움이 되는 지식을 전해 준 사람들에게 감사하게 될 것이다.

# 13장
# 개인적 거룩성이 중요하다

—

네가 네 자신과 가르침을 살펴 이 일을 계속하라 이것을 행함으로
네 자신과 네게 듣는 자를 구원하리라(딤전 4:16).

19세기의 유명한 스코틀랜드 장로교 목사인 로버트 머레이 맥체
인은 "우리 교인들에게 가장 절실하게 필요한 것은 나 자신의 거룩
성이다"라고 했다.[1] 언뜻 보면 맥체인이 복음을 훼손하는 것 같지
만, 그의 설교 몇 편만 읽어 보아도 그가 그리스도와 복음을 얼마나
소중히 여기는지 알 수 있다. 맥체인은 디모데에게 자신을 살피라

---

**1.** John Piper가 2011년 2월 1일에 Desiring God 목회자 컨퍼런스에서 전한 메시지
인 "He Kissed the Rose and Felt the Thorn: Living and Dying in the Morning of
Life"에서 인용함. www.desiringgod.org/bilgraphies/he-kissed-the-rose-and-
felt-the-thorn-living-and-dying-in-the-morning-of-life.

고 말한 사도 바울의 당부를 강조하고 있다(딤전 4:16). 목사의 거룩성은 중요하다. 그것은 목사 개인의 구원뿐만 아니라 주님이 그의 보살핌 아래 맡기신 사람들의 구원을 위해서도 중요하다(딤전 4:16).

계속 그리스도를 추구하며 거룩함의 영역에서 자라가는 목사는 자신의 영혼과 자신의 보살핌 아래에 있는 자들에게 가장 중요한 일을 추구한다. 회중은 그들을 사랑하며 성장하도록 인도하기 위해 주님 안에서 잘 자라고 있는 목사가 필요하다. 목사도 가 보지 못한 곳으로 인도하지는 못하며 알지 못하는 것을 가르칠 수는 없다. 또한 자신이 열정적으로 주님을 추구하지 않으면서 회중에게 본을 보일 수도 없다. 목사의 사랑이 식을 때 교회는 시련을 당할 것이다. 주님을 향한 목사의 확신이 미약할 때 교회는 그 영향을 받을 것이다. 교회는 하나님의 계획에 따라 거룩을 추구하고, 믿음을 세우고, 복음을 전하며, 사랑으로 동기부여되고, 은혜에 심취하고, 애정으로 가득한 리더가 필요하다. 그리고 우리는 목자장의 인도를 굳게 붙잡고(고전 6:19-20; 빌 3:8-11), 그분의 은혜를 알며, 그분의 진리 안에서 사는 목사들이 필요하다. 이 법칙은 아무리 강조해도 지나치지 않으며 결코 소홀히 해서는 안 된다.

이 장의 진리를 곰곰이 생각하다가 지난 2년에 걸쳐 목격한 여러 사건이 기억났다. 그들은 자신의 영혼을 살피지(딤전 4:16) 못해 삶을 망친 목사로, 세 명 모두 내가 사랑하고 존경하며 친구로 여겼던 이들이다. 그들은 모두 사랑하는 아내와 자녀가 있는데도, 음욕에 사로잡혀 타락했다. 처음에 그 문제는 작게 시작되었다. 웹사이트를 보거나 누군가의 손을 가볍게 잡은 데서 비롯된 것이다. 현재 그들은 모두 목회를 하지 않는다. 한 명은 교도소에 있고, 두 명은 아내와 자녀로부터 분리되었다. 결국 그들 모두 가정과 친구들과 교회와 사역과 명성을 잃어버렸다. 이렇듯 죄는 치명적이어서(롬 6:23) 삶의 모든 것을 파괴할 수 있다. 목사의 죄는 자신과 가족과 친구들은 물론, 그의 보살핌을 받는 수많은 사람들에게 해를 끼칠 수 있다. 또한 죄는 엄청나게 교묘하다. 잠시 동안 죄를 숨길 수 있더라도 시간이 지날수록 우리가 섬기는 사람들의 삶에서 에너지와 효율성과 열매를 고갈시킬 것이다. 죄를 점검하지 않으면, 그 죄가 많은 사람들의 영적인 삶을 방해하며 파괴하는 사탄의 도구가 될 것이다.

매일 갖는 경건의 시간과 가정 예배와 마음을 모으는 공동 예배를 통해 자신을 지키라. 기도와 성경 읽기의 필요성을 설교할 뿐만 아니라 자신이 그렇게 실행하는 사람이 되라. 매일 갖는 경건의 시간과(마 6:6) 집에서 드리는 가정 예배는 당신의 영적인 삶을 위해 반드시 필요하다. 매주 하나님의 사람들과 함께 모여 공동으로 예배하되 개인적으로 드리는 예배를 결코 잊지 말라. 예배는 각각 죄가 어디에 자리잡았는지, 자신의 마음을 살필 기회를 제공한다. 일단 죄를 발견하면 하나님의 은혜로 그것을 없애라. 간절한 기도로 거룩함을 추구하라. 스스로 성경 본문에 감동을 받지 않고서는 결코 설교하거나 주일학교에서 가르치지 말라. 가르치며 설교하기 위해 갖추는 모든 준비는 먼저 자신의 마음을 겨냥한 것이어야 한다.

당신의 소명은 거룩한 소명이다. 만일 당신에게 거룩함이라는 특징이 없다면, 교회가 거룩함을 보이지 않더라도 놀라지 말라. 교회에서 목사의 거룩성보다 더 중요한 것은 거의 없다. 그러므로 당신이 주님을 추구하며 그분의 사람들을 돌볼 때 매일 이 사실을 상기하라.

# 14장
# 아무도 당신 등 뒤에서 들여다보지 않는다

### 당신의 시간을 잘 활용하라

—

잘하였도다 착하고 충성된 종아 네가 적은 일에 충성하였으매 내가 많은 것을 네게 맡기리니 네 주인의 즐거움에 참여할지어다(마 25:21).

벨이 울리지 않고 알람시계도 울리지 않고 출퇴근 기록도 따로 기록되지 않는다. 목사들은 대부분 일정을 스스로 계획한다. 아무도 공식적으로 그들을 감독하거나 감시하거나 등 뒤에서 들여다보지 않는다. 이는 목사가 하나님의 영광과 교회의 유익을 위해 자신의 시간을 잘 관리해야 함을 뜻한다. 다음은 시간 관리를 위해 유용한 제안들이다.

**당신의 하루를 나누라.** 당신의 하루를 오전, 오후, 저녁의 세 부분으로 나누라. 기분 전환, 휴식, 가족과 함께하는 시간을 위해 매주 어느 정도를 할애할 것인지 정하라. 나머지 부분을 공부, 설교 준비, 심방, 독서, 상담, 행정, 기타 다른 목회 사역에 할애하라.

**중요한 일을 구체적으로 계획하라.** 어떤 일들은 매주 달력에 표시해야 한다. 기도, 공부, 집에서 가족과 함께하는 시간 같은 것이다. 이 세 영역은 타협의 여지가 없다. 이 시간을 최우선으로 설정하고 최선을 다해 지키라.

**가장 좋은 시간을 정하라.** 어떤 목사는 오전에 가장 생기가 있는가 하면 오후나 저녁에 가장 활기찬 목사도 있다. 설교 준비와 공부를 당신의 '황금 시간대'에 진행할 수 있도록 계획하라. 당신의 사고가 명석하고 집중이 잘되며 몸의 컨디션이 좋은 시간이다. 따라서 당신에게 가장 중요한 일에 최선의 시간을 할애해야 한다. 만남, 약속, 행정은 다른 시간으로 돌리라.

**너무 빡빡하지 않게 계획하라.** 너무 빡빡하게 시간 계획을 세우는 목사는 실망과 불안과 스트레스에 직면한다. 그의 가족과 회중도 그렇게 느끼게 된다. 당신의 시간표를 비상 전화, 지나가다가 들른 방문객, 면담을 바라는 목회 스탭, 긴급한 병원 심방에 응하지 못할 정도로 채워서는 안 된다. 그 시간표가 너무 빡빡한지를 알아보는 좋은 방법은, 당신의 회중과 목회 스탭과 가족이 당신에게 다가올 수 있다고 느끼는지, 당신에게 올 때 중요한 일을 방해하고 있다고 느끼는지를 그들에게 물어보는 것이다(이 내용은 28장에서 더 자세히 논의할 것이다).

**긴 시간을 예상하라.** 풀타임 목사들은 대부분 매주 최소한 50시간 이상 일할 것이다. 우리의 시간은 소중하므로 가족이나 휴식을 위한 일정이 없는 밤에 공부나 독서나 심방을 해야 한다. 목사는 하나님의 백성들의 영혼을 돌보고 있기에, 그 일이 많은 것을 요구하리라 예상해야 한다.

**휴식을 확실히 취하라.** 어떤 목사들은 자신을 등 뒤에서 들여다보는 사람이 없기 때문에 더 열심히 일하기 위해 노력해야 하는 반면에, 또 어떤 이들은 책임지고 자신을 쉬게 하는 사람이 없기 때문에 충분한 휴식을 취하기 위해 노력해야 한다. 만일 당신이 적절히 휴식하지 않으면, 당신은 탈진하고 건강이 나빠져서, 가족이 무너지고 교회가 고통을 당할 것이다. 한 주에 최소한 하루를 따로 시간 내어 그날에는 교회, 다음주에 해야 할 일, 통화가 필요한 교인, 결혼 생활의 어려움에 처한 교인들에 대한 생각에서 벗어나야 한다. 또한 당신의 사례비와 복리후생비에 휴가와 학업 휴가를 위한 비용을 확실히 포함시키라. 교회에서 제공하는 휴가를 모두 활용하라. 절대 죄책감을 느끼지 말라! 활기를 되찾아서 다시 온몸과 마음을 다해 교회를 섬길 수 있도록 휴가를 즐기라.

존 파이퍼가 《형제들이여, 우리는 전문직업인이 아닙니다》라는 책에서 탁월하게 설명하듯이, 목사는 퇴근하며 출퇴근 카드를 찍지 않는다. 하지만 계속해서 그 역할을 수행하길 멈추지 않으며 목사로서 영원한 열매를 맺기 위해 일한다. 목사는 희생, 시간, 그의 전인(全人), 삶 전체가 결부된 독특한 소명을 지니고 있다. 그러므로 당신이 지닌 모든 것을 하나님의 백성들과 그분의 영광을 위해 드리

라. 가장 중요하신 분 외에는 아무도 당신의 등 뒤에서 들여다보지
않는다. 당신이 마지막에 "잘하였도다 착하고 충성된 종아"라는 칭
찬을 듣길 바란다(마 25:21).

# 15장
# 그들이 따르기 원한다

### 리더십

너는 또 온 백성 가운데서 능력 있는 사람들 곧 하나님을 두려워하며 진실하며 불의한 이익을 미워하는 자를 살펴서 백성 위에 세워 천부장과 백부장과 오십부장과 십부장을 삼아(출 18:21).

잘 이끌지 못하는 리더보다 나쁜 것은 거의 없다. 그런 리더는 교인들을 실망시키고 목회 비전과 리더십 자체에 실망하게 만든다. 모든 목사는 리더이지만, 목사들 각자의 리더십은 각자의 은사에 따라 다르다. 어떤 이들은 추진력이 강하고, 또 어떤 이들은 조심스럽다. 어떤 이들은 합의를 조성하는가 하면 반대로 강력하게 밀어붙이는 이들도 있다. 어떤 이들은 거리낌 없이 말하고 또 어떤 이들은 조용하다. 하나님은 우리 각자를 독특하게 지으셨다. 그러므로 자신의 성격과 상반되는 방식으로 이끌어가려 해서는 안 된다. 그러나 위대한 리더들에게 공통으로 나타나는 두 가지 특징이 있다. 그것은 굳건한 확신과 논리정연한 설득력이다.

교회는 당신이 인도하기를 원한다. 양들은 목자가 필요하며 그를 따르기 바란다. 주님은 그 임무를 당신에게 맡기셨다. 그들을 인도하라. 대부분의 성공적인 리더십은 굳건한 확신에서 시작한다. 자신이 추구하는 방향에 대해 스스로 확신하지 않는 사람을 따르는 것은 거의 불가능하다. 오래된 견해를 바꾸거나 그것에 이의를 제기하는 일을 수반하는 경우에는 특히 그렇다. 하지만 리더가 굳건한 확신으로 무장되어 있다는 것이, 그가 조언이나 다양한 의견에 귀를 기울이려 하지 않거나 필요한 경우에도 방향을 바꾸려 하지 않음을 뜻하는 것은 아니다. 오히려 다른 확신이 들기 전까지 주님께 얻은 현재의 확신으로 인도함을 뜻한다. 사람들은 굳건한 확신을 지닌 사람을 쉽게 따른다.

동일하게 꼭 필요한 것이 논리정연한 설득력이다. 어떤 비전을 조리 있게 설득시키는 능력 없이는 그 비전을 현실화시킬 수 없다. 오래된 격언 중에는 "당신이 리더임을 어떻게 아는가? 누가 따라오는지를 알기 위해 뒤를 보라"는 말이 있다. 자신이 어디로 가는지 모르면서 누군가를 따르는 사람은 거의 없을 것이다. 리더는 다른 사람들에게 자신의 비전을 정연한 논리로 설득해야 한다. 그러나 이는 목사가 역동적이고 세련된 웅변가여야 함을 뜻하지 않는다. 모세나(출 4:10) 사도 바울도(고후 11:6) 말이 유창하진 않았다. 사실 때로 카리스마는 성경적인 리더십과 반대로 작용한다. 그런 은사를 지닌 사람들은 종종 주님보다 자신을 신뢰하려는 유혹을 받기 때문이다. 목회에서 좋은 리더는 건전한 성경적 논리와 지혜로운 신중함으로 교회를 위한 비전을 논리정연하게 설명하며, 하나님의 백성들로 하여금 자신들이 하나님의 영광과 자신의 영혼의 유익을 위해 그리스도를 따르도록 인도되고 있음을 확신하게 만든다. 신실한 목사는 "내가 그리스도를 본받는 자가 된 것 같이 너희는 나를 본받는 자가 되라"(고전 11:1)고 말하기를 주저하지 않는다.

대부분의 경우에 목사는 논리정연하게 회중을 설득하려 하지만 필요할 때는 자신의 보살핌 아래에 있는 양들의 음성에 귀를 기울이며 진로 수정을 해야 한다. 비록 그가 굳건한 확신과 논리정연한 설득력으로 양들을 인도하지만 그의 리더십은 언제나 양들을 배려하는 특성을 보여야 하는 것이다. 그러므로 그는 자신이 이끄는 방향이 보살피는 양들에게 해로울 때 자신의 길을 수정하며 바꿔야 한다.

목회는 회중을 인도하는 일이기에, 좋은 목사는 곧 좋은 리더이다. 그러므로 주변 사람들에게 시간을 할애해 리더십을 배우고 언제나 리더십 향상을 모색하며 최선을 다해 리더십을 발휘하라.

# 16장
# 통제를 피하라

### 성도를 준비시키라

—

모세의 장인이 그에게 이르되 네가 하는 것이 옳지 못하도다 너와
또 너와 함께 한 이 백성이 필경 기력이 쇠하리니 이 일이 네게 너
무 중함이라 네가 혼자 할 수 없으리라(출 18:17-18).

이 장의 제목은 앞 장에 나온 리더십에 대한 논의와 상반되는 것
으로 비칠 수 있다. 그러나 15장과 16장은 상호보완적이며 동일하
게 필수적인 내용이다. 목사로서 당신은 통제를 피해야 한다. 아마
도 독자들 중에는 다음 장으로 넘어가는 이들도 있을 것이다. 당신
은 타고난 리더이며 평생 리더십을 발휘해 왔다. 당신은 통제에 대
해 나름 잘 알고 있고 통제를 좋아한다. 그래서 '통제를 피하라'는
말이 어리석게 들리는 것이다.

그러나 통제를 피하는 것은 목회에서 필수적이다. 내가 "통제를

피하라"고 말하는 것은 리더십을 발휘하지 말라는 의미가 아니다. 앞서 논의했듯이 지역 교회는 리더십을 필요로 하고 목사는 교인을 인도해야 한다. 그러나 목사가 모든 것을 인도할 필요는 없다. 모세는 이 교훈을 장인 이드로에게 배웠다(출 18장). 그것은 우리 모두에게 적용할 수 있는 교훈이다. 당신이 지역 교회의 모든 결정과 사역과 프로그램들을 통제하려 하면, 당신과 교회와 사역은 망가질 것이다. 당신은 탈진하고 교회는 미성숙해지며 교인들은 더 이상 당신을 따르지 않을 것이다. 어떤 부분에 대해서는 통제하지 말고 느긋한 마음을 가지라. 사실 자발적으로 진행되게 하는 것이 좋은 리더십이다.

당신은 "목사와 교사"(엡 4:11)이며, 당신의 의무는 모든 것을 통제하는 것이 아니다. 오히려 목사의 의무는, 사역할 수 있도록 성도를 준비시키는 것이다(엡 4:12). 만일 목사가 성도를 준비시키지 않고 그들에게 은사를 활용할 기회를 제공하지도 않는다면, 그의 사역은 실패한 것이다. 성숙한 목회 리더는 여러 영역에 대한 책임을 다른 사람들에게 맡긴다.

따라서 당신은 모든 목회적 필요를 혼자서 채우려고 해서는 안 된다. 만일 목사가 빈 공간을 모두 채운다면, 다른 사람들이 어떤 일에도 결코 나서지 않을 것이다. 장로들이 병원 심방을 전혀 하지 않는다며 불평하지만, 교인들이 입원할 때마다 병상의 교인이 마취에서 깨어나기도 전에 그 곁에 서 있는 목사 자신이 바로 그 불평의 원인이다. 목사가 너무 통제적이면 교인들이 힘들어진다. 만일 당신이 출석 교인 수백 명 이상인 교회를 섬긴다면, 모든 교인을 알지 못할 뿐 아니라 그들을 일일이 보살피지 못할 것이다. 그러므로 교회의 다른 형제자매들을 사용하실 주님을 신뢰하라. 목사는 성도가 서로 섬기며 보살피도록 그들을 준비시켜야 한다. 그 모든 일을 목사가 할 필요는 없고, 사실 모든 일을 하려 해서도 안 된다.

지혜로운 목사는 자신이 통제한다는 '느낌'이 아무리 많이 들어도 실제로는 모든 것이 자신의 통제 아래 있지 않음을 이해한다! 주권자는 하나님이다. 당신은 주권자이신 하나님을 섬기며 하위 목자로 섬기는 특권을 받았지만 완전한 목자는 아니다. 당신이 이 사실을 더 명확히 깨달을수록, 당신의 행동과 목회 철학에서 다른 사람들에게 권한을 주며 통제를 없애는 방향으로 나아가기가 더 쉬울 것이다.

# 17장
# 친구를 찾으라

—

형제여 성도들의 마음이 너로 말미암아 평안함을 얻었으니 내가
너의 사랑으로 많은 기쁨과 위로를 받았노라(몬 1:7).


목사직은 사람을 가까이하면서도 외로운 일 중 하나이다. 교인들
과 많은 지역 사회 주민이 당신을 알지만 당신을 진정으로 아는 사
람은 없다. 목사가 되는 것은 외로운 소명이다. 이 사막 가운데 '친
구'라는 오아시스를 찾으라. 당신을 알고 당신에게 솔직한 피드백
과 좋은 조언을 해 주며 당신의 영혼을 격려하고 당신의 책임감을
일깨워 줄 사람을 찾으라.

이런 유형의 친구를 가장 자연스럽게 찾을 수 있는 곳은 교회
의 리더십이다. 동료 목사나 장로 또는 집사가 이 역할을 할 수 있
다. 그들은 당신이 겪고 있는 여러 갈등과 상황들을 이해하고 당신

을 격려하며 당신에게 책임감을 갖게 하는 소중한 자원일 수 있다. 하지만 그런 관계를 맺을 때에는 서서히 신중하고 분별력 있게 접근하라. 사실 교회, 심지어 리더십 안에서 친구를 찾는 것은 최선책이 아니다. 종종 나는 목사들에게 그렇게 하지 말 것을 당부한다. 교회에는 한때 목사를 가장 요란하게 지지하다가 갑자기 목사를 가장 완강히 반대하는 이들이 있다. 그때 목회자가 그동안 함께 나눈 모든 것은 비방자들을 위해 준비된 무기이다. 목사 자신은 물론이고 그의 사역을 안전하게 보존하려면 이 경고를 명심할 필요가 있다. 지역 교회에서 잘못 신뢰한 어떤 사람이 공격하는 몇 마디 말 때문에 목회 사역을 망칠 수도 있다. 이는 아무도 신뢰해서는 안 된다는 말이 아니다. 모두를 불신하거나 의심하길 원하지 않는다. 요점은 목사가 자신이 나누고자 하는 것과 함께 나누고자 하는 사람에 대해 신중할 필요가 있다는 점이다.

대부분의 목사는 막역한 친구를 대개 지역 교회 밖에서 만난다. 새로운 지역의 목사직을 맡아 이주할 때마다, 나는 그 지역의 다른 목사들에게 전화하여 점심 식사 모임을 마련했다. 바로 이런 식사를 통해 목회의 참된 친구를 찾을 수 있다. 목사들의 네트워크나 친교 그룹이 형성된 지역이 많다. 지역 내에서 다른 목사들과 관계를 맺는 방법이 무엇인지 알아 보라.

귀 기울여 듣고 적절한 조언을 해 줄 사람을 찾으라. 매달이나 격주의 모임을 계획하라. 그 안에서 도움을 주고받으라. 안타깝게도 목사는 다른 사람들을 열심히 도우면서, 자신이 도움을 받을 필요가 있음을 망각하는 경우가 너무 많다. 주님, 회중, 장로들, 가족과의 관계에 대해 솔직할 필요가 있다. 그들과의 대화를 힘든 질문마저 기피하지 않는 분위기로 조성하라.

예리한 질문으로 당신의 영혼을 살피며 주님이 당신 안에서 행하시는 일을 보게 될 때 당신을 격려해 줄 것을 친구에게 요청하라. 규칙적이며 지속적으로 당신을 위해 열심히 기도하는 사람과 알고 지내는 것은 주님 안에서 맺는 우정의 큰 선물 중 하나이다(빌 1:3-5). 당신은 기도하는 좋은 친구가 필요하다.

또한 당신과 함께 웃을 수 있는 친구가 있으면 좋다. 목회는 스트레스를 많이 받는 일이다. 따라서 몇 시간 동안 심각한 '목사 멘탈'에서 벗어나게 해 줄 누군가가 있다는 것은 축복이다. 친구를 찾고 그를 친구로 받아들이라. 그러면 당신의 영혼이 생기를 되찾을 것이다(몬 7절).

# 18장
# 하나님의 방편들을 신뢰하라

### 말씀, 성례, 기도를 의지하라

—

그들이 사도의 가르침을 받아 서로 교제하고 떡을 떼며 오로지 기
도하기를 힘쓰니라(행 2:42).

최근에 나는 매년 행운권 추첨을 하는 텍사스의 한 교회에 대한
이야기를 읽었다. 그 교회는 일요일마다 교회에 출석한 사람에게
행운권을 준다. 성탄절에는 특별히 두 장의 행운권을 참석자들에게
지급한다. 연말에는 행운권에 붙은 번호표를 모두 커다란 바구니
에 담은 후에 목사가 번호표을 뽑아 당첨자에게 신형 자동차를 준
다. 이 방식을 동원한 후에 출석률이 높아졌다는 것은 놀랄 일이 아
니다. 다음 해에는 사람들이 더 큰 것을 원했고, 결국 자동차 대신에
집을 추첨했다. 그러나 목회에 적용할 방법이 있고 적용해서는 안
될 방법이 있다! 사실 모든 목사가 신형 자동차를 행운권 상품으로

제시하려는 유혹을 받진 않더라도, 주님이 지정하신 목회 방법에서 벗어나려는 유혹에 직면한다. 그러므로 당신은 그런 유혹에 각별히 주의해야 한다. 지킬 것은 지키고 피할 것은 피해야 한다.

그런 방법은 모두 속임수일 뿐이다. 비록 탄성을 지르게 하는 요소가 있긴 하지만 새로운 개념 중에는 목회에 도움이 되는 것이 거의 없다. 그런 속임수는 하나님 나라의 목적을 위해 하나님이 정하신 방편을 부정한다. 〈웨스트민스터 소요리문답〉은 이렇게 묻는다. "그리스도께서 구속의 유익을 우리에게 주기 위해 사용하시는 외적 방편은 무엇인가?" 그리고 그에 대한 웨스트민스터 회의의 답은 이러하다. "그리스도께서 우리에게 구속의 유익을 주기 위해 사용하시는 통상의 외적 방편은 그분의 명령이며, 특히 말씀과 성례와 기도이다. 이들 모두는 택함받은 자들의 구원을 위해 효력을 발휘한다." 따라서 목사로서 당신은 말씀과 성례와 기도라는, 통상적인 은혜의 방편에서 결코 이탈하지 말라.

하나님의 말씀을 의지하라. 이것은 하나님이 역사하시는 방식이다. 성경만이 "하나님의 감동으로" 된 것으로(딤후 3:16) 살아 있고 활력이 있으며(히 4:12), 잃어버린 자들에게 하나님이 자신을 효과적으로 계시하시는 방편이고(롬 10:17), "교훈과 책망과 바르게 함과 의로 교육하기에 유익"하다(딤후 3:16). 다른 것으로 돌이키는 것은 어리석다. 목사는 하나님의 말씀 위에 사역을 세우길 갈망하고, 살아 있는 말씀으로 사람들의 영혼에 영향을 미치려고 노력하며, 사역의 결실을 위해 말씀을 의존해야 한다. 테리 존슨이 상기시키듯이, 목사는

말씀을 설교하고 가르치고 말씀으로 기도하고 노래하며 말씀을 고백해야 한다.[1]

말씀 중심 사역은 기도로 흠뻑 젖을 것이다(골 1:3-14; 엡 3:14-21; 살전 5:17). 설교와 가르침과 말씀에 따른 목회는 말씀과 함께하시는 성령을 떠나서는 아무런 결실도 맺지 못한다. 따라서 우리는 줄곧 무릎 꿇고 기도해야 한다.

여러 해 전에 나는 한 지역 교회 목사에 대한 신실한 간증을 들었다. 그 목사가 수십 년 동안 교회를 섬기고 은퇴한 후, 새로 부임한 목사가 사무실에 들어가서 짐 상자를 풀었다. 그러던 중에 그는 유독 카펫의 한 부분이 닳은 것을 발견했고 왜 그런 것인지 직원에게 물었다. 그러자 직원은 "전임 목사님이 회중을 위해 매일 기도하시던 자리예요"라고 대답했다.

그처럼 기도의 사람이 되라. 주님의 사람들을 위한 사역 일체와 관련하여 전적으로 주님을 의지해야 함을 겸손히 인정하라.

웨스트민스터 회의는 선포된 말씀을 우리의 눈으로 보게 하는 은혜의 방편으로 성례를 강조한다(눅 22:7-23; 행 2:38, 42). 어거스틴은 그것을 "가시적인 말씀"이라고 지칭했다.[2] 세례와 성찬식이라는 성례전들은 우리의 구속과 복음의 영광과 주님의 자비에 대한 진리를 감각으로 느끼게 한다. 그것은 우리에게 주신 하나님의 은혜의 확

---

**1.** Terry Johnson, *Reformed Worship: Worship That Is according to Scripture* (Greenville, SC: Reformed Academic Press, 2000).

**2.** Augustine, *Tractates on the Gospel of John* 80.3.

실한 표징이다. 하지만 요즘에는 예배 때 비디오와 드라마를 사용하는 교회가 많아지면서, 하나님이 그분의 백성에게 주신 가시적인 성례전을 간과하기가 쉽다. 성례에서 표현하고 알려 주고 보증하는 영광스러운 진리들을 공부하라. 교인들이 그 진리를 가치 있게 여기고 사랑하며 기뻐하도록 훈련하라. 성례를 무시하는 것은 영적인 해를 자초하는 행동이다.

신실한 목사는 자신의 사역을 말씀과 기도와 성례 위에 세울 것이다. 그는 속임수나 최신 유행으로 이탈하지 않고 통상적인 은혜의 방편에 대한 약속 위에 굳건히 설 것이다. 그것만으로도 충분하다. 하나님이 친히 그분의 나라를 위한 사역을 위해 그 방편들을 사용하기로 선택하셨기 때문이다. 그러므로 이제 당신도 사역을 위해 그 방편에 의존하고 거기에 초점을 맞추라.

# 19장
# 성경 낭독과 기도

—

모세가 명령한 것은 여호수아가 이스라엘 온 회중과 여자들과 아이와 그들 중에 동행하는 거류민들 앞에서 낭독하지 아니한 말이 하나도 없었더라(수 8:35).

당연한 이야기지만, 목사들은 설교와 가르침이라는 공적 사역에 대해 많이 공부하며 생각하는 경향이 있다. 상담과 제자화도 매우 중요해서, 대부분의 목사는 이와 관련된 지식을 키우기 위해 노력한다. 또한 리더십을 비롯해 병원 심방에 관한 책도 많이 읽는다. 그러나 공적인 일들 중 가장 중요한 두 가지, 성경 낭독과 기도에 대해 생각하는 목사는 매우 드물다. 많은 목사가 목회 사역의 본질적인 부분인 이 두 가지를 더 중요한 공적 사역에 추가되는 사항 정도로 여긴다. 잘못된 생각이다. 그 결과 교회가 고통을 당한다.

공동 예배나 다른 어떤 상황에서도 성경 낭독은 설교나 가르침의 서곡에 불과한 것이 아니다. 우리가 가르치는 것은 우리가 읽는 성경이다! 우리가 말씀을 강조하며 우리의 목소리를 낮추고 천천히, 또는 속력을 높여 말씀을 읽는 동안 청중은 말씀을 해석하게 된다. 모든 목사는 공적으로 성경을 주의 깊게 읽는 훈련을 해야 한다.

성경을 잘 읽기 위해 시간과 노력과 에너지를 들이라. 주일 오전에 설교할 말씀을 읽는 연습을 하라. 설교단으로 걸어가면서 그제야 성경 본문을 어떻게 읽을지 생각해서는 안 된다. 당신의 억양은 자연스러워야 하고, 적절한 부분을 강조해야 하며, 어조는 성경 본문의 정신에 부합해야 한다. 예배 중에 목사가 산만하게 성경을 읽는 경우가 더러 있는데 그렇게 읽으면 안 된다. 우리는 말씀을 섬기는 자로, 설교를 시작하기 전에 성경 낭독을 통해 예배당에 앉은 사람들이 그 말씀의 힘과 취지와 메시지를 어느 정도 이해하게 해야 한다.

당신의 성경 낭독 기술을 향상시키기 위해 탁월한 강사나 오디오북 내레이터에게 귀를 기울이라. 내레이터가 성경 본문을 어떻게 호소력 있게 읽는지를 경청하며 생각해 보라. 알게 된 것을 메모한 후에 연습하라.

설교자는 성경 낭독뿐 아니라 공중 기도를 통해서도 가르친다. 회중은 당신의 기도를 들으면서 기도하는 법을 배운다. 자신이 드릴 기도에 대해 충분히 생각하지 않고 단에 서는 목사는 회중에게 큰 해를 끼치는 것이다. 그리고 주일에 드릴 공적 기도를 미리 준비한다고 해서 성령의 인도하심을 신뢰하지 않는 것이 아니다. 성령님은 주일 예배를 드리는 그 시점뿐만 아니라, 기도를 준비할 때에도 함께하신다.

따라서 나는 젊은 목사들에게 공중 기도문을 적으라고 권한다. 이 기도는 목회적인 기도나 경배 또는 죄 고백이나 중보의 기도일 수도 있다. 굳이 기도문을 들고서 단에 설 필요는 없지만 그렇게 할 수도 있다. 기도문을 적는 것은 진부한 표현의 남용이나 의도하지 않은 반복을 피하는 데 도움이 된다. 게다가 그렇게 하면 성경 구절을 생각하면서 실제로 하나님의 말씀으로 기도할 수 있다.

젊은 목사는 성숙한 사역을 도모하기 위해 '연구된 기도' 방향으로 나아가는 것이 더 유익하다. '연구된 기도'라는 말은 목사가 기도문을 일일이 적는 것을 의미하는 것이 아니라 기도를 무심결에 공중으로 날리지 않도록 기도를 준비하면서 공부한다는 의미이다. 그는 자신이 기도하려는 내용의 대략을 알고 있다. 그래서 성경 구절, 기도 주제, 전반적인 구조를 마음에 그린 후에 이 생각들을 바탕으로 기도하며 회중을 인도하면서 자신의 생각과 성령이 이끄시는 대로 자유롭게 나아간다. 그때 회중은 귀를 기울이며 그 기도를 통해 가르침을 받는다. 그러므로 당신의 기도는 얄팍해서도 안 되고 결코 기도를 무관심하게 다루어서도 안 된다.

기도와 성경 낭독을 잘하는 법을 배우는 데 시간을 할애하라. 그러면 당신의 교회와 당신의 영혼 모두에게 복이 될 것이다.

# 20장
# 더디 말하고 속히 들으라

### 교인들에게 귀 기울이기

―

미련한 자는 명철을 기뻐하지 아니하고 자기의 의사를 드러내기만
기뻐하느니라(잠 18:2).


많은 목사에게 확연히 드러나는 결함은 잘 경청하지 못한다는 것
이다. 내 주변에 경청을 못하는 이들 중에도 목사가 포함되어 있다.
주로 젊은 목사이다. 내 말을 오해하지 않길 바란다. 모든 목사가 그
렇다는 말이 아니라 많은 목사가 그렇다는 것이다. 이것은 안타까
운 사실이다.

내 경험상 목사가 경청하지 못하는 경향을 보이는 데는 몇 가지
이유가 있다. 첫 번째, 대체로 그들은 확신이 가득 차서 좀처럼 속
도를 늦추려 하지 않는다. 두 번째, 같은 말을 여러 차례(상담 상황, 신
학적 질문 등을 통해) 들었기 때문에 어떻게 대화가 진행될지를 이미 알

고 있다고 생각한다. 세 번째, 여러 가지를 동시에 하는 사람들이어서 들으면서 동시에 다른 것을 할 수 있다고 여긴다. 네 번째, 자신의 설교를 경청하는 사람들에게 익숙해져 있다. 네 개 중 어떤 이유에 해당하든지 당신은 경청하지 않는 태도에 대해 핑계를 대서는 안 된다. 목사는 경청을 잘해야 한다. 만일 목사가 경청하지 않으면 그리스도의 백성들을 알 수 없고, 그들을 잘 알지 못하면 그들을 위해 사역하기가 힘들다. 더 나은 경청자가 되기 위해 다음과 같은 몇 가지 방법을 제안한다.

**설교는 설교단에서 하는 것이다.** 설교는 설교단에 남겨두고 교인들과의 대화에 들어가라. 대화에는 말하기와 듣기가 요구된다.

**당신 앞에 있는 사람이 바로 당신이 보살피도록 부르심을 받은 사람임을 기억하라.** 멀리 있는 사람에게 이야기할 것을 생각하지 말고 당신 앞에 있는 사람에게 집중하라(이 점에 대해서는 21장에서 더 자세히 언급할 것이다).

**가르침을 잘 받아들이라.** 당신은 가르치도록 부르심을 받았지만, 그렇다고 해서 가르침을 받을 수 없는 것은 아니다. 잠언 4장 5절을 기억하라. "지혜를 얻으며 명철을 얻으라 내 입의 말을 잊지 말며 어기지 말라."

**모두를 공경하라.** 베드로전서 2장 17절은 "뭇 사람을 공경하며"라고 말한다. 예배 후에 당신의 주의를 끌거나 대화를 요구하는 다섯 살짜리 아이나 지적 장애인은 옆을 지나가는 고위급 인사와 똑같이 중요하다.

**침묵은 귀중하다.** 대화 중 침묵은 좋은 것이다. 침묵이 조성하는 긴장은 종종 진짜 문제를 떠올리도록 도와주기 때문이다. 당신이 언제나 침묵의 공간을 채워야 한다고 생각하지 말라.

**눈 맞춤을 유지하라.** 목사는 여러 가지 일을 동시에 하는 경향이 있고, 상대방의 말을 들으면서 눈으로 여기저기를 살피거나 스마트폰으로 이메일을 확인하기도 한다. 이제 그것을 중단하라!

**질문하라.** 성급한 결론과 판에 박힌 듯한 대답을 피하라. 더 정확한 판단을 위해 필요한 질문을 해야 한다.

**항상 인도해야 한다고 생각하지 말라.** 대부분의 목사는 리더이며 자신이 계속 인도해야 한다고 생각한다. 그러나 대화할 때에는 동등한 입장에 서고, 때로는 다른 이가 대화를 주도하도록 허용해야 한다. 교인들이 무엇을 원하는지 알면 때로 당신은 놀랄 것이다.

**'지나치게 영적'이지 말라.** 모든 대화를 속죄에 대한 이야기로 마무리할 필요는 없다. 또한 모든 대화에서 당신의 성경 지식을 과시할 필요는 없다.

**질문을 숙고하라.** 어떤 사람을 만나러 간다면 그에게 물어볼 질문 목록을 짜라. 그리고 그를 만나 준비한 질문을 던지고 그의 대답을 경청하라.

**자상하게 돌보라.** 그들이 그리스도의 양임을(요 10장) 늘 기억하라. 그들은 그리스도의 소유이며, 당신은 자상하고 자애로운 보살핌으로 그들을 인도해야 한다. 분명 이 일에는 그들의 말을 경청하는 것이 포함된다.

내가 아는 대부분의 목사는 자신이 돌보는 사람들을 사랑한다(막 12:30-31). 그러나 교인들은 그 사랑을 감지하지 못해서 그 사실을 의심할 수 있다. 그러므로 목사는 진정으로 교인들의 말에 귀를 기울여서 사랑을 표현할 뿐 아니라 그들과 함께 복을 누려야 한다. 하나님의 사람들에게 귀를 기울이는 것은 즐거운 일 중 하나이다. 각 사람의 삶을 통해 하나님이 행하신 일을 듣는 것은 귀한 선물이며, 당신이 만나는 각 사람이 지닌 열정, 슬픔, 낙심, 두려움에 대해 듣는 것은 너무나 값진 일이다. 그들은 모두 경청해 줄 귀를 갈망한다. 그러므로 경청하라. 당신이 경청하는 가운데, 주님은 그분의 나라와 영광을 위해 서로 보살핌을 주고받는 길을 여실 것이다.

# 21장
# 우리 눈앞에 놓인 사역

—

형제들아 내가 당한 일이 도리어 복음 전파에 진전이 된 줄을 너희
가 알기를 원하노라 이러므로 나의 매임이 그리스도 안에서 모든
시위대 안과 그 밖의 모든 사람에게 나타났으니(빌 1:12-13).

당신은 주일 오전에 한 교인과 대화하면서 멀리 있는 어떤 사람
과 이야기할 필요가 있다고 생각하는 경우가 자주 있는가? 생각이
산만해지기 시작하면, 종종 눈도 생각을 따라간다. '나는 저기 있는
사람과 이야기를 해야 해. 내가 저 사람을 독려하기 전에 저 사람이
떠나면 기회는 사라질 거야. 저 사람을 맞이하는 사람이 아무도 없
어.' 이렇게 생각하는 사이에, 당신은 바로 앞에 있는 사람에게 집중
해야 하는 순간을 놓치고 만다.

내가 다니던 신학교에는 채플 목사가 있었다. 나는 어느 교수가

들려준 그 목사에 대한 이야기를 잊을 수 없다. 그는 그 목사와 대화를 나누었던 어느 날을 회상했다. 그들이 열심히 이야기를 나누는데 학장이 방에 들어왔다. 활달하고 카리스마가 있는 학장은 저절로 타인의 주의를 끄는 부류의 사람이다. 교수가 회상한 바에 따르면, 학장이 곧바로 그들에게 다가왔지만 목사의 시선은 전혀 움직이지 않았다. 그러자 학장이 그들의 대화를 들으며 서서 기다렸고, 목사는 교수와의 대화를 충분히 끝낸 후에야 비로소 학장을 돌아봤다. 그 목사가 학장을 계속 기다리게 한 것은 무례하거나 힘이 있어서가 아니었다. 그것은 사랑과 참된 겸손의 행위였다. 교수는 그 일을 회상하면서 이렇게 말했다. "그 목사님과 함께 있으면 마치 내가 세상에서 가장 중요한 사람이 된 것 같아요." 그 목사는 그 순간의 사역 대상이었던 교수에게 집중했던 것이다. 주님이 그 일을 맡기셨고, 목사는 그것을 놓치지 않았다.

대부분의 목사는 '저쪽의' 사역 때문에 바로 앞에 있는 사역을 놓치는 경우가 많다. 사무실이나 휴대폰에 더 중요한 일이 있다고 생각하기 때문에, 당장 자신에게 주어진 기회를 무시할 때가 너무나 많다. 그래서 당장 앞에 있는 상대방에게 집중하지 않고 그를 중요하지 않은 사람으로 취급해 형제자매의 마음을 상하게 하거나 하나님의 사랑을 증언하는 일에 실패하는 것이다.

그리스도인으로서 목사가 하는 중요한 사역 중 일부는 예기치 못한 순간에 이루어진다. 그리스도인으로서 당신의 삶을 되돌아보라. 만일 "당신이 다른 이들에게 조언을 받은 것 중 가장 기억에 남는 때는 언제인가요?"라는 질문을 받으면, 대부분은 비교적 '사소한' 순간을 떠올릴 것이다. 당신은 그 교수와 채플 목사와의 일화에서처럼 누군가가 한두 마디 말을 건네준 순간을 떠올릴 수도 있고, 혹은 채플 목사가 그 교수에게 영향을 미쳤던 것처럼 그 사람의 말보다는 그가 경청해 주던 모습에 더 감동받았던 때를 떠올릴 수도 있다. 채플 목사는 그 순간에 최선을 다해 사랑의 모범을 보였다. 이제 당신도 당신 앞에 놓인 사역을 놓치지 말라. 그것은 하나님이 당신에게 지정하신 일이다.

# 22장
# 당신이 모든 것을 할 수는 없다

### 분주함과 목사직

—

이르시되 너희는 따로 한적한 곳에 가서 잠깐 쉬어라 하시니 이는
오고 가는 사람이 많아 음식 먹을 겨를도 없음이라(막 6:31).

당신이 목회의 모든 것을 할 수는 없다. 그것은 불가능하다. 다
른 사람들과 당신 자신의 기대를 모두 만족시키려면 슈퍼 히어로
여야 한다. 당신은 비범한 소명을 지니고 있지만, 여전히 평범한
사람이다.

마가복음 6장에서 예수님은 열두 제자를 파송하셨다. 그들은 둘
씩 짝을 지어 "회개하라"고 전파했다(마 6:12). 그들은 "많은 귀신을
쫓아내며 많은 병자에게 기름을 발라" 고쳤다(마 6:13). 제자들이 사
역지에서 돌아왔을 때, 예수님은 그들을 긍휼히 여기시며 그들이
한동안 쉴 수 있도록 한적한 곳으로 데려가셨다(마 6:31). 주님이 그

들을 쉬게 하신 것은 그들의 피곤함을 아셨기 때문이다. 예수님은 평범한 사람들을 불러 비범한 일을 맡기셨다. 즉 당신이 모든 것을 할 수는 없다. 일시적으로도 모든 것을 하지는 못한다. 만일 그렇게 하려고 시도하면, 당신은 탈진하고 사역은 중단될 것이다. 이런 상황을 어떻게 타개할 것인가?

첫째, 우선순위 매기는 법을 배우라. 현명한 목사는 자신에게 거는 그릇된 기대를 포함해 모든 이의 기대를 만족시킬 수 없음을 깨닫는다. 대부분의 시간을 기도와 공부와 가르침과 설교에 할애하라. 다른 활동은 좋은 것이긴 해도 우선순위에 두면 안 된다. 이는 목사가 여러 가지 요청 사항을 거부해야 함을 뜻한다. 당신이 어떤 요청과 요구와 이메일과 전화와 만남에 응하려면 다른 것에 불응할 필요가 있다. 하루 중 사용할 수 있는 시간은 제한되어 있기 때문이다. 그래서 당신은 자기 아들의 야구 경기를 함께 관람하길 원하는 아이 엄마나, 결혼 전 상담받기를 간절히 원하는 젊은 커플, 또는 병원 심방을 해주지 않는다고 화내는 장로를 실망시킬 수 있다. 그러나 그것은 어쩔 수 없다. 당신이 야구 경기를 관람하러 갈 수 있고 결혼 전 상담을 해 줄 수 있고 병원 심방을 할 수 있지만, 당신이 할 수 있는 때와 할 수 있는지의 여부를 정확히 파악해야 한다. 당신의 일정에 우선순위를 정하라.

둘째, 휴가를 챙기라. 언젠가 나는 지난해에 휴가를 거의 챙기지 않았다며 자랑처럼 서로 비교하며 대화하는 목사들을 보았다. 그러나 휴가를 챙기지 않는 것은 경건의 표지가 아니라 오히려 어리석음의 표지이다. 목사로서 우리에게는 긴 주말이 없다. 수많은 저녁 시간을 포함해 하루 중 많은 시간을 일에 할애한다. 우리의 일에는 스트레스가 많아서, 당신과 당신의 가족이 큰 피해를 입을 수 있다. 따라서 당신과 당신의 가족은 반드시 정규적으로 "따로 한적한 곳에 가서 잠깐" 쉬어야 한다(막 6:31). 예수님이 제자들에게 반드시 휴식이 필요하다고 생각하셨던 것처럼, 우리에게도 그것이 필요하다! 1년에 3-5주의 휴가를 교회에 요청하라. 아울러 매년 1-2주의 학업 휴가를 요청하라. 그리고 그 휴가를 모두 사용하라.

셋째, 당신의 아내와 장로들에게 당신이 시간 사용에 대해 책임 있는 자세를 유지할 수 있도록 도와달라고 요청하라. 그들은 당신이 기도와 공부와 설교 준비에 적절한 시간을 할애했는지의 여부를 당신에게 물어보아야 한다. 그리고 만일 당신이 그리하지 않았다면, 당신의 우선순위 일정은 바뀌어야 한다. 당신이 여가 시간을 어떻게 보내는지, 쉬는 날을 지키는지, 휴가를 어떻게 사용하는지를 그들이 알아볼 수 있게 허락하라. 당신이 슈퍼히어로 콤플렉스에 빠져들었다고 생각할 경우에는 언제든 당신에게 그 사실을 지적할 수 있도록 허락하라.

우리가 모든 것을 할 수는 없다. 목사도 사람이다. 대부분의 교인은 그 점을 이해하고 있을 것이다. 즉 목사가 이러한 현실을 파악하는 것은 그들을 위해서도 필요하다.

# 23장
# 당신이 목사라면 불평에 직면할 것이다

**불평에 귀 기울이기**

—

한 마디 말로 총명한 자에게 충고하는 것이 매 백 대로 미련한 자를 때리는 것보다 더욱 깊이 박히느니라(잠 17:10).

당신의 사역에 대해 다양한 사람이 여러 가지 반응을 보일 것이다. 사실 동일한 설교에 대해 다양한 사람이 여러 가지 방식으로 반응한다. 어느 날 예배가 끝난 후에 두 사람이 따로 나를 찾아왔다. 한 사람은 "목사님은 율법주의적이에요"라고 말했고, 다른 사람은 "목사님은 도덕률 폐기 지향적이에요"라고 말했다. 그들 모두 옳지 않았다. 나는 둘 다 틀렸다고 생각한다.

당신은 사역할 때 불평에 직면할 것이다. 교인들은 당신의 설교나 리더십이나 의사 결정에 대해 불평한다. 그들은 당신이 구입한 집이 교회에서 너무 멀어서 안 좋다거나 당신의 회의 진행 방식을 반대할 수 있다. 조나단 에드워즈의 회중은(18세기) 그가 가발을 둘씩이나 가지고 있다고 불평했다. "어떻게 그가 그럴 수 있나! 얼마나 사치스러운가!" 최근에 한 목사는 저녁 예배 때 정장을 입지 않아서 지적받았다고 말했다. 정장을 집에 두고 왔다며 설교 전에 사과했지만 예배 후에 교인들은 여전히 불만을 토로했다는 것이다. 한 번은 어떤 사람이 내게 나를 목사로서 결코 존경하지 않을 거라고 말했다. 그 이유는 내가 주일 오후에 세 시간 동안 가족을 태우고 운전하여 친척을 방문하러 갔기 때문이었다. 즉 내가 주일을 제대로 지키지 못했다고 느낀 것이었다. 어떤 불평은 터무니없거나 상처를 주기도 하는데, 그중 유용한 불평도 있다.

어차피 불평에 직면할 것이므로 목사가 굳이 불평을 사서 유발할 필요는 없다. 많은 젊은 목사들은 교회 멤버나 리더들이 표현하는 불평에 흔들린다. 그들은 불평을 듣는 것이 목회의 일부임을 깨닫지 못한 것이다. 그러므로 불평을 예상하며 그것에 대처할 준비를 하라.

불평에 직면할 때 목사는 기꺼이 경청해야 한다. 훌륭한 목사는 배우려는 자세를 유지한다. 교회의 다른 모든 멤버와 마찬가지로 목사도 권면과 교정과 의의 훈련이 필요하다(딤후 3:16). 비록 불평이 부정확한 것이라도, 알고 이해하면 도움이 되는 불평의 동기가 그 이면에 있을 수 있다. 예를 들어 예배 후에 한 자매가 당신에게 와서 설교가 너무 부정적이었다며 불평할 수 있다. 사실 이것은 부정확한 불평일 수 있지만, 깊이 들여다보면 그 자매가 낙심에 빠져 있어 그날 아침에 더 고무적인 메시지를 갈망했음을 나타내는 신호일 수 있다. 불평을 제기하면 그대로 들어주라. 방어적인 성향을 물리치고 제시한 교정 사항에 대해 기꺼이 기도하라. 이렇듯 목사는 겸손하게 기꺼이 교인들의 관심에 귀를 기울여야 하지만, 모든 불평을 받아들일 필요는 없다. 터무니없는 불평은 속히 무시하라. 그런 것은 밤새워 생각하거나 자기반성을 하거나 더 상세히 물어볼 만한 가치가 없다. 목사로서 당신은 이 점을 빨리 깨달을수록 좋다.

내 경험상 이메일이나 편지로 불평을 접할 때에는 직접 만나서 이야기하는 것이 최선이다. 사람들이 글로 표현할 때에는 직접 말할 때보다 더 격렬한 태도를 보이지만 얼굴을 맞대고 이야기하면 차분해지는 경향이 있다. 그리고 더 중요한 사실은, 사람들 대부분이 편지나 이메일 같이 기록된 형태로 표현할 때보다는 직접 대면하여 이야기할 때 훨씬 더 효과적으로 그 억양과 어조를 전달할 수 있다는 것이다.

민감하게 반응하지 않을 수 있도록 노력하되, 부드러운 마음을 함양하라. 불평을 너무 개인적인 것으로 받아들이지 말라. 리더십은 비판받기 마련임을 자신에게 상기시키라. 어떤 이들은 자신의 분노와 콤플렉스와 불만을 누군가에게 발산하고 싶어 한다. 그런데 당신이 교회의 핵심 인물로 가시적인 리더십 위치에 있기 때문에 두드러진 표적이 될 수 있다. 그래서 많은 사람이 교회의 다른 어떤 사람보다 목사의 말이나 행동에 대해 의견을 표한다. 그것은 리더십의 일부로 예상되는 바이다. 불가피하게 듣게 될 여러 가지 불평에 대처할 수 있도록 민감하게 반응하지 않는 마음을 가지라. 그러나 그럴 때에도 항상 부드럽고 겸손하고 자애로운 마음을 유지하라. 그리고 하나님의 사람들을 소중히 여기며 그들을 섬기는 것을 기뻐하라.

# 24장
# 묵묵히 당하는 고난

그가 곤욕을 당하여 괴로울 때에도 그의 입을 열지 아니하였음이
여 마치 도수장으로 끌려가는 어린 양과 털 깎는 자 앞에서 잠잠한
양 같이 그의 입을 열지 아니하였도다(사 53:7).

그리스도인의 삶의 독특한 면 중 하나는 고난당하도록 부르심을
받았다는 것이다(마 10:38; 요 16:2; 롬 8:17; 빌 1:29). 만일 신앙과 관련하
여 어떤 반문화적인 개념이 있다면, 이것이 바로 그것이다! 이것을
전혀 다른 윤리로 자리매김하는 것은 고난으로의 부르심만이 아니
다. 그 고난을 조용히 참아내는 용기도 그렇다. 이 용기는 종종 교회
에서 훌륭한 리더십을 나타내는 표시이다. 내 말을 오해하지 말라.
분명 고난을 가만히 당하기만 해서는 안 될 때도 있다. 특히 복음이
위태로울 때에는 침묵해서는 안 된다. 하지만 그리스도를 위해 고

난당할 때는 대체로 대적자들의 요란한 불협화음에 끼어들 필요가 없다.

다른 사람들에게 핍박이나 거짓 비방을 당할 때, 대부분의 목사가 가장 먼저 보이는 성향은 항변하는 것이다. 왜 그럴까? 이러한 경우에 대부분 진짜 관심사는 복음이나 그리스도나 교회가 아니다. 그것이 부차적인 관심사일 수는 있지만 진짜 동기는, 목사가 반응을 보이지 않을 경우에 '다른 사람들이 자신을 어떻게 생각할까' 하는 것이다. 우리에게는 늘 자신을 옹호하려는 욕구가 있다.

합리화할 사항들이 잽싸게 떠오른다. '나는 오류가 진리를 이기는 것을 용납할 수 없어', '내 명성이 걸린 문제야', '이것이 나의 장래 사역이나 현재 관계들을 훼방할 거야', '나는 고난당해야 함을 알고 있지만 뭇사람이 짓밟는 바닥깔개가 되라는 건 아냐.' 하지만 대체로 주님을 따라 조용히 고난당하는 것이 지혜롭다(사 53:7; 벧전 2:23-24). 그것은 쉽지 않지만 종종 당신이 취할 수 있는 가장 의롭고 거룩한 코스이다. 당신은 사역 중에 고난당할 것이다. 만일 하나님이 그리스도인을 고난의 길로 부르신다면, 그리스도의 사람들을 대표하는 목사는 얼마나 더 그러하겠는가? 베드로가 말하듯이, 그렇게 하면서 당신은 주님의 발자취를 따르게 된다(벧전 2:21-25). 그리고 하나님의 영광을 위해 묵묵히 고난당하려 할 때 당신은 다음과 같은 기회들을 얻게 된다.

• 사람의 인정보다 하나님의 영광을 갈망하는지 테스트할 기회(사

51:7-8)

- 잠잠히 고난당하신 그리스도를 바라볼 기회(사 53:7)
- 원수를 진정으로 사랑할 기회(마 5:44)
- 심판장께서 진실을 알고 계심을 상기할 기회(마 12:36)
- 얼마나 그리스도를 의존하는 존재인지를 새롭게 배울 기회(요 15:5)
- 그리스도와 하나 될 기회(요 15:18-21)
- 그리스도와 함께 영광을 받을 것임을 알고 그분과 함께 고난당할 기회(롬 8:17)
- 우리를 향하신 그리스도의 사랑의 크기를 더 온전히 알 기회(엡 3:14-19)
- 그리스도의 남은 고난을 채울 기회(골 1:24)
- 그리스도의 영광과 영예를 밝히 드러내도록 믿음의 진정성이 불로 연단받을 기회(벧전 1:7)
- 하나님이 보시기에 아름다운 모습으로 고난당할 기회(벧전 2:20)
- 고난을 견디면서 더욱 그리스도를 닮아 갈 기회(벧전 2:21)
- 그리스도와 함께 고난에 참여할 기회(벧전 4:13)
- 영광의 영 곧 하나님의 영이 우리 위에 계심을 나타낼 기회(벧전 4:14)
- 영원한 영광에 비하면 현재의 고난이 아무 것도 아님을 상기할 기회(벧전 5:10)

하지만 진짜 말해야 할 때(복음이 위태로울 때처럼) 사람을 두려워하여 침묵해서는 안 된다. 또한 말하지 말아야 할 때 말해서도 안 된다. 그리스도를 위한 고난은 종종 고난 중에 침묵해야 함을 뜻한다. 분명 고난은 힘들고 쓴 약이지만, 앞서 나열된 사실을 명심하면 달콤하다고 느끼며 이겨낼 수 있을 것이다.

# 25장
# 회중으로 인한 감사

내가 너희를 생각할 때마다 나의 하나님께 감사하며 간구할 때마다 너희 무리를 위하여 기쁨으로 항상 간구함은(빌 1:3-4).

당신이 섬기는 회중으로 인해 하나님께 감사하라. 다른 교인들보다 더 큰 선물인 것 같은 교인도 있지만, 교인들 모두는 하나님이 주신 선물이다! 까다롭고 불편한 사람들을 선물로 여기는 것은 쉽지 않다. 하지만 빌립보서 1장에 나오는 바울의 기도에 주목하라. 배제적이지 않다. 4절에서 그는 빌립보 성도들 모두로 인해 하나님께 기도하며 감사한다. 그의 감사는 모두를 위한 것이다. 우리는 "이 교회는 투옥 중인 바울을 지원했다. 교인들은 그에게 마음을 쓰고 그를 존경했다"라고 말할 수도 있다. 하지만 그 교회는 역사상 유별난 교회가 아니었다. 문제 있는 사람들이 현대의 교회에만 있는 것은 아니다. 빌립보 교회의 일부 교인은 바울에게 고통을 주었다. 빌립보서 4장에는 유오디아와 순두게가 서로 이견을 보인 것이 나온다. 그들은 서로 싸웠고 교회 내의 여성들을 두 편으로 갈라지게 했다. 그러나 바울은 유오디아와 순두게를 포함한 그들 모두를 위해 감사 기도를 드렸다. 교회 안의 문제와 그 문제를 일으킨 이들을 알고 있었지만, 그들 모두를 하나님의 축복으로 인식한 것이다.

그럼에도 당신은 "하지만 빌립보 교회에는 갈등이 하나뿐이었다"라고 말할 수도 있다. 그러나 고린도전서에서 우리는 분열, 분파의식, 바울의 권위에 대한 의문 제기, 성적 부도덕, 신자들의 소송, 결혼과 우상에게 바친 음식에 대한 격렬한 논쟁, 우상숭배, 주의 만찬 남용, 영적 은사들로 인한 갈등 등을 엿볼 수 있다. 이 교회는 역기능적이었다! 하지만 바울은 그 서신의 서두에 "내가 너희를 위하여 항상 하나님께 감사하노니"라고 말한다(고전 1:4).

어떻게 그렇게 할 수 있었을까? 이는 그들 모두가 선물임을 알고 있었기 때문이다. 당신의 교회가 아무리 엉망이고 비협조적이라도 그 교회 사람들은 모두 선물이다. 당신은 회중을 생각하고 그들을 위해 기도하며 섬길 때, 그들 각자가 축복임을 느끼는가? 그들 모두로 인해 하나님께 감사하는가? 바울은 빌립보 교회에게 "그러므로 나의 사랑하고 사모하는 형제들 나의 기쁨이요 면류관인 사랑하는 자들아"라고 썼다(빌 4:1). 만일 목사가 이런 마음을 품고 있다면 그는 교회를 잘 섬길 것이다. 하나님이 지정해 주신 당신의 회중에 대해 하나님께 감사하라. 그들은 하나님이 당신에게 주신 선물이다.

# 26장
# 이중 목적

—

지혜가 제일이니 지혜를 얻으라 네가 얻은 모든 것을 가지고 명철을 얻을지니라(잠 4:7).

목사직은 바쁘다. 따라서 당신이 관여하는 일들을 한 가지 이상의 목적에 적용하라. 이렇게 하는 것이 지혜롭다. 당신은 가르치거나 블로그에 올릴 내용을 일일이 준비할 시간이 없을 것이다. 따라서 한 가지 자료를 다양한 목적으로 활용할 필요가 있다.

예를 들어, 설교 내용은 블로그와 지역 신문의 칼럼에 올릴 수 있다. 어떤 구절에 대해 연구한 내용 전체를 주일 설교 한 번만 사용하지 말고 그것을 매월 발간하는 교회 소식지에 실어서 활용하라. 설교와 가르침을 위해 연구한 내용을 아티클이나 책으로 재구성할 수도 있다. 설교를 위해 연구할 때 해당 구절과 주제들을 상세히 기록해 두라. 모든 해석과 주석과 예화와 문맥적 고찰들을 모아 두라. 다음에 주일학교 수업이나 다른 상황을 위해 그 구절로 돌아갈 때, 그 주해들이 당신의 수고를 덜어 줄 것이다.

독서할 때는 당신의 영혼에 양식이 될 뿐만 아니라 설교와 집필에도 활용할 수 있는 책을 고르라. 이때에도 상세한 주해를 기록하여 모아 두라. 각각 다른 의미를 나타내는 다른 색깔로 책에 표시하라. 예를 들어 설교 예화용으로는 노란색, 가르침을 위한 용도로는 주황색, 집필을 위해서는 녹색으로 칠할 수 있다.

다른 지역 교회나 컨퍼런스나 수련회, 심지어 결혼식에서 설교하도록 초청받았을 때, 설교를 반복해서 활용하라. 물론 그 내용을 약간 바꾸거나 그것을 설교하기 전에 당신의 마음과 심령에 다시금 확실한 감동이 있으면 더 좋지만, 그것이 아니라도 설교를 재차 사용하는 것은 불성실함을 나타내는 표지가 아니다. 한 번 설교하기에 충분히 좋은 내용이라면 다시 설교해도 충분히 좋다.

독서와 설교 연구는 상담에도 활용된다. 설교 때 사용한 구절을 기억해 두면 상담 상황에서 유용할 수 있다. 그러므로 피상담자와 연결시킬 수 있는 유용한 예화들을 기록해 두라.

자료를 다양하게 사용하는 법에 대해 조금만 지혜롭고 사려 깊게 생각한다면, 당신의 생산성을 높이고 하나님 나라의 유익을 위해 스트레스를 줄일 수 있다. 과중한 짐에서 벗어나 더 쉽고 효과적으로 사역할 수 있다.

# 27장
# 하나님의 영광을 위한 행정

—

열두 사도가 모든 제자를 불러 이르되 우리가 하나님의 말씀을 제쳐 놓고 접대를 일삼는 것이 마땅하지 아니하니(행 6:2).

교회 사역이 행정으로 가득한 줄 누가 알았겠는가? 나는 몰랐다. 나는 첫 목회 때, 각종 사무, 이메일 회신, 전화 받기, 자원봉사자 모집, 문서 정리, 회의 준비, 의사 일정 정하기, 의사록 작성, 교회 스탭 건강보험료 계산에 시간을 많이 할애해야 함을 알고 충격을 받았다. 그것을 생각만 해도 피곤하다! 하루 중 절반은 서재에서 성경을 읽고 나머지 절반은 교인의 가정 심방에 할애하려 했던 낭만적인 생각은 일찌감치 사라졌다. 어떤 면에서 행정적인 일은 필수적이지만, 또 다른 면에서는 별로 중요하지 않은 단순 작업이다.

행정은 목회의 '필요악'이다. 행정을 무시하는 목사는 큰 위험을 초래한다. 하지만 그것은 균형을 유지해야 한다. 내가 아는 한 목사는 교회에 부임한 이후 4년 동안 교회에서 나올 만한 모든 문제에 대한 방침을 장로들과 함께 세우는 데 몰두했다. 4년이 지난 후에 장로들은 논의 끝에 15cm 정도 두께의 문서에 정리된 방침을 실행하기로 했다. 그런데 그해 중순경에 교회에서 목사를 해임했다. 결국 그 문서는 현재 자욱한 먼지에 덮인 채 서가에 놓여 있다. 그 목사는 교회에서 발생할 만한 모든 상황에 대한 방침을 마련했지만 정작 교회 자체를 간과했다. 그의 사역은 온통 행정에 집중되어 있었던 것이다.

행정은 쉽게 시간을 빼앗는다. 당신은 이메일에 답하고 받지 못한 전화에 답신하고 방침을 세우느라고 대인 사역을 거의 못 하고 하루를 보낼 수도 있다. 이런 식으로 시간을 보내다 보면 하나님의 말씀을 공부하고 기도하며 사람들을 만나기보다는 행정에 더 많은 시간을 할애했음을 깨닫는다. 행정적인 일이 우리의 시간을 잠식한 것이다.

교회의 행정은 목회에 도움을 주기 위한 것이지, 그 반대가 아님을 기억하라. 종이컵은 물을 채워야만 유용하다. 종이컵에 담긴 물이 바싹 마른 입술을 적셔 주지, 종이컵 자체가 목적은 아니다. 행정도 마찬가지이다. 행정은 그리스도의 생수를 목마른 사람들의 영혼에 공급하는 목적으로만 유용하다. 그러므로 행정을 위한 행정을 하지 말라. 꼭 필요한 일에만 관여하고 그 이상은 하지 말라. 행정은 끝없는 식욕을 지닌 괴물 같아서 제지하지 않으면 당신의 시간을 모조리 먹어 치울 것이다.

　가능하면 행정을 평신도, 교회 간사, 다른 보조 직원에게 넘기려고 노력하라. "우리가 하나님의 말씀을 제쳐 놓고 접대를 일삼는 것이 마땅하지 아니하니"(행 6:2), 우리는 주로 "기도하는 일과 말씀 사역에" 힘써야 한다(행 6:4). 그것이 우리의 소명이다. 그러므로 우리는 그 목적에 도움이 될 경우에만 행정 일을 맡아야 한다. 이것이 바로 하나님의 영광을 위해 행정을 하는 것이다.

# 28장
# 문을 열어 두라

---

내가 교회의 일꾼 된 것은 하나님이 너희를 위하여 내게 주신 직분
을 따라 하나님의 말씀을 이루려 함이니라(골 1:25).

목회와 관련된 사람이나 일은 방해되는 것이 아니다. 오직 하나
님이 정하신 기회일 뿐이다. 목사가 이 진실을 빨리 깨달을수록 하
나님의 백성들을 더 잘 섬길 수 있다.

목사는 주권자이신 하나님이 다른 사람들을 위해 자신을 목회로
부르셨음을 믿는다. 그러므로 그 어떤 사람이나 사건도 목회를 방
해하는 것이 아니다. 바울은 골로새서 1장 25절에서(롬 11:13-16; 고전
9:16-23; 갈 1:16) 하나님이 다른 사람들을 위해 그를 사역자로 부르셨
음을 선언한다. 이는 목사가 자신을 교회의 종으로 여겨야 함을 뜻
한다. 목사는 교회의 주인이나 CEO 또는 대표나 머리가 아니다. 오

히려 회중의 우두머리 종이다. 그러므로 다른 사람들이 와서 부르면 목사는 정신을 바짝 차리고 섬길 준비를 해야 한다. 그러므로 회중이 그의 문을 열고 들어오는 것은 무례한 일이 아니다.

이러한 사고방식은 목회에서 겪는 많은 어려움을 해소하는 데 도움이 된다. 이렇게 결심한 목사는 자신의 문을 열어 둔다. 이는 그의 집무실 문이 언제나 열려 있어야 한다는 뜻이 아니라 다른 사람들에게 이런 태도를 견지해야 한다는 뜻이다. 우리 목사들은 사람들로 하여금 그들이 우리에게 성가신 존재나 짐이 결코 아님을 인식시키길 원한다. 따라서 회중은 언제든 당면한 문제를 가지고 들르거나 조언을 구하는 이메일을 보내거나 중보기도를 요청하는 전화를 해도 된다.

이렇게 말하지만 설정된 우선순위를 무시할 마음은 없다(이 내용에 대해서는 22장에서 이미 논의했다). 당신은 공부, 설교 준비, 기도와 같이 꼭 필요한 일을 처리해야 한다. 당신의 우선순위에 있는 일들을 뒤로 미룰 수는 없다. 그러나 다른 사람들이 당신에게 '들이닥쳐' 일정을 '뒤흔들어' 놓을 때에도, 당신은 그들에게 기꺼이 도움을 주고 융통성 있게 그들의 요청에 응해 주어야 한다. 당신은 주님의 부르심과 명령에 따라 다른 사람들을 섬기는 자이기 때문이다.

만일 당신이 설교 준비나 기도를 하지 않는 시간이고 집무실 밖의 소음이 별로 신경 쓰이지 않는다면 진짜로 문을 열어 두라. 혹 문을 닫고 있을 때도 스탭이나 교인이나 방문객이 문을 두드리면, 당신은 책에서 머리를 들거나 컴퓨터에서 물러나 그들과 눈을 맞추고 그들을 환영함을 보여 줘야 한다. 그들은 성가신 존재가 아니라 주님의 양이므로 소중하다.

다른 사람들에게 관심을 보일 수 없을 정도로 항상 바쁜 듯한 목사가 되지 않도록 주의하라. 그런 목사는 집무실을 도피처로 여기고 사람들은 모두 그를 방해해서는 안 된다고 느낀다. 그래서 그는 누군가 전화하거나 잠시 들르거나 심지어 이메일을 보내도 불만을 표한다. 시간이 지나면서 교인들과 동료 스탭들과 장로들은 그를 성가시게 해서는 안 된다고 생각하게 되고, 결국 목사는 여러 가지 귀한 사역 기회를 잃게 된다.

목사는 매주 일정을 주의 깊게 철저히 짤 수 있지만, 그 일정이 결코 양보할 수 없는 것이어서는 안 된다. 누군가 당신의 서재 문을 두드리거나 전화벨이 울릴 때 불만을 느끼지 않도록 일정에 다소간의 여유를 두고 일하라. 매일의 업무 일정에 따르느라 집무실에서 너무 분주한 목사는 자신의 목회의 주인이 누구인지를 망각하는 것이다. 세월이 흐르면서 그가 처리한 일의 목록은 하나씩 하나씩 쌓여가겠지만, 정작 많은 영혼들은 변화될 기회를 잃어버린 채로 남아 있을 것이다.

# 29장
# 결혼식과 장례식

—

이 비밀이 크도다 나는 그리스도와 교회에 대하여 말하노라(엡 5:32).

결혼식과 장례식을 집행하는 것은 복음 사역의 큰 특권 중 하나이다. 이 예식을 위해 가족이 전국 각지, 때로는 세계 도처에서 모인다. 결혼식이 흥분과 약속과 소망으로 가득한 때인 반면, 장례식은 슬픔과 낙심과 두려움으로 가득 차 있다. 이런 예식에서는 감정이 뚜렷하게 표출되며, 사람들은 독특한 방식으로 복음에 노출된다. 그곳에서 참석자들에게 행하는 사역은 당신이 관여하는 일들 중 가장 영구적인 의미를 지닌 것에 속한다.

결혼식이나 장례식에는 그때 외에는 결코 교회를 방문하지 않는 사람들이 많다. 어떤 참석자들은 성경 이야기와 기독교 용어와 교회의 교리에 낯설 것이다. 그러므로 모든 결혼식과 장례식에서는 철저히 성경적이며 복음을 담은 설교를 하라. 그것은 명쾌하고 간명하며 그 순간에 적절해야 한다. 또한 다양한 사람들을 대상으로 설교하는 것이라는 사실을 고려해야 한다. 조나단 에드워즈의 설교들을 읽어 보면, 그가 노스햄턴의 교회에서 설교한 내용이 후에 선교사로서 모히칸 인디언들에게 설교한 것보다 상당히 복잡한 내용이었음을 알 수 있다. 그는 청중에 맞추어 설교했으며, 당신도 그렇게 해야 한다.

결혼식과 장례식에서 당신이 담당자임을 분명히 밝혀라. 당신이 예배를 인도하므로 그 과정을 주관해야 한다. 목사로서, 예배 중 적절한 것과 적절하지 않은 것에 대한 지침을 정하라. 나의 동역자였던 한 목사는 자신이 주관했던 한 장례식을 회고했다. 고인의 조카가 자신이 작사한 노래를 부르길 원했다. 이 요청에 그 목사는 그 가사나 곡을 들어 보지도 않고 허락했다. 그러나 그것은 큰 실수였다! 로저스와 해머스타인의 "오클라호마"라는 곡에 고인의 이름이 나오리라고는 아무도 예상하지 못했다. 그때 모인 이들은 그 노래에 동요했다.

이러한 예식에서 리더십을 유지하되 융통성을 지녀라. 슬퍼하는 가족이 사랑하는 고인을 위한 예식 순서에 관여해야 하듯이 신랑과 신부에게서 많은 의견을 들어야 하지만, 최종적인 결정은 목사인 당신의 몫이다. 때때로 이것은 특정한 노래나 추도 연설이나 성가를 당신이 제지할 필요가 있음을 뜻한다.

결혼식이나 장례식을 주관할 때 가족 내 역학관계에 주의하라. 실제 결혼식 리허설이나 장례식을 위한 방문이 있기 전에, 가족에 대해 가능한 많이 파악하라. 이 정보는 민감한 문제를 조정하며 잠재적인 다툼을 피하게 해 준다. 다툼이 분명히 예상될 경우에, 당신은 예식 중에 누가 언제 어디서 참여하는지에 대해 지시할 필요가 있다. 가족의 가장으로 '영향력을 행사하는' 사람이 누구인지를 빨리 파악하라. 예식을 망칠 수 있거나 당신의 통제 수준을 넘어선 문제들을 조정하기 위해 그들을 돕고 그들의 권위를 활용하라.

　　결혼식과 장례식이 당신을 포함해 교회 전체가 참석자들에게 사역할 수 있는 기회가 되도록 하라. 교인들에게 그런 마음가짐을 갖게 하라. 장례식을 위한 접대 팀은 예상하지 못한 축복을 제공한다. 장례식 후의 식사 제공은 엄청난 격려가 된다. 마찬가지로 교회에서 지정한 도우미로 신부를 지원하면 결혼식이 더 순조롭게 진행된다. 그것은 세상에서는 볼 수 없는 방식으로 예수님의 은혜를 보여줄 기회가 된다.

　　세월이 흐르면서 당신은 이 두 예식에서 효과적으로 사역할 수 있게 숙련될 것이다. 결코 그 일을 대수롭지 않게 여기지 말라. 그렇게 중대한 순간에 한 가족과 교회와 하나님을 섬기는 것은 너무나 귀한 특권이다.

# 30장
# 병원 심방

—

너희 중에 병든 자가 있느냐 그는 교회의 장로들을 청할 것이요 그
들은 주의 이름으로 기름을 바르며 그를 위하여 기도할지니라(약
5:14).

병원은 복음 사역을 위한 비옥한 땅을 제공한다. 목사 안수를 받
기 전에 나는 텍사스 주 달라스에 있는 큰 교회에서 인턴 목회자로
섬겼다. 매주 그 교회의 목사들이 병원에 입원한 교인들과 그들의
친척을 방문했다. 그 지역의 여러 병원에 흩어진 열다섯 명을 일일
이 방문하는 것이 일상적인 일이었다. 목사들이 심방할 수 없는 주
간이 많았고, 그럴 때면 교회 간사가 인턴 목회자들에게 심방을 부
탁했다.

인턴 목회자는 둘이었고, 우리는 심방을 나서기 전에 심방 대상

자들을 둘로 나누었다. 약 4주 만에 우리는 교인들이 입원한 병원을 다 돌았다. 매주 나는 멀리 떨어진 병원에 입원한 한 여성 교우를 방문했다. 그 병원까지는 차로 45분 걸렸다. 3주 동안 나는 성경을 들고 목록에 적힌 대로 심방하고 나서 그 교우에게 향했다. 내가 그녀의 병실 문을 두드리고 신분을 밝힐 때마다, 그녀는 침대에 누워서 아무도 만나고 싶지 않다고 외쳤다.

넷째 주에도 내 심방 명단에는 그 교우가 포함되어 있었다. 나는 지난 3주의 경험을 생각하면서 그 병원으로 가기를 주저했다. 그리고 시간 낭비인 것 같다는 생각에 화가 나서 그녀를 방문하지 않기로 결심했다. 다른 병원에 들렀다가 곧바로 교회로 차를 몰기 시작했다. 교회가 가까워질수록 내 양심의 고통도 더해 갔다. 주님이 나의 자기중심성과 사랑 결여를 지적하셨고, 결국 나는 마지못해 차를 돌려 그 병원으로 향했다. 병원에 도착한 나는 곧바로 거부당할 것을 예측하면서 예전처럼 병실 문을 두드렸다. 그러나 이번에는 그녀가 들어오라고 말했다. 병실에 들어서자 베개에 기댄 20대 중반쯤 되는 젊은 여성이 보였다. 그리고 나는 그녀에게 팔이 없다는 것을 곧바로 알아차렸다. 그런데 다시 보니 그녀에게는 다리도 없고 몸통과 머리뿐이었다. 먼저 그녀는 예전에 마음이 편하지 않아 심방을 허락하지 않은 것에 대해 내게 용서를 구했다. 그리고 매일 견뎌야 하는 끔찍한 고통에 대해 이야기했다. 내가 그녀를 만나려고 했던 날들에 그녀는 그 누구와도 대화하지 못할 정도로 참기 어려운 고통을 겪고 있었던 것이다. 그녀는 무려 120일 동안 병원 신세를 지고 있다고 말했다. 심방 시간 30분 동안, 그녀는 하나님과 그분의 일들에 대해 말했다. 병실을 나오면서, 그 자매가 나를 보살폈다는 생각이 들었다. 나는 그녀를 방문하여 축복해 줘야 하는 내 임무에 대해 불평했는데 정작 내가 축복받은 자로 병실을 나선 것이다. 그날 주님은 병든 자와 병원에서 죽어가는 사람을 심방하는 목사의 큰 특권을 깨닫게 하셨다. 나는 이 임무에 대해 다시는 불평하지 않겠다고 다짐했다.

병원 심방을 할 때, 환자의 침대 곁에서 읽고 기도해 줄 성경 말씀을 준비할 뿐만 아니라 그 순간에 함께하시는 성령의 인도를 기꺼이 따르라. 환자를 만나면 상태가 어떤지, 기도 제목은 무엇인지 물어보고, 짧은 성경 본문을 읽고 기도하라. 복음에 대해 적대적인 사람도 임종의 자리에서는 기꺼이 성경에 귀를 기울인다. 날씨나 환자의 가족, 또는 심지어 그의 병에 대해서도 너무 이야기하느라고 시간을 허비하지 말라. 이런 내용도 좋은 대화지만, 그것이 성경을 읽고 기도하는 일을 대체하거나 앞서면 안 된다.

심방 시간을 짧게 하라. 대부분의 환자는 부단히 드나드는 간호사와 의사와 가족으로 인해 지쳐 있다. 우리가 그들의 짐을 더 무겁게 하면 안 된다. 대기실이나 복도에서 환자의 가족과 친구들을 꼭 만나 보라. 사랑하는 사람이 병들거나 죽어 가는 상황에서 슬픔이나 염려 또는 낙심에 빠진 이들을 만나는 것이 병원에서 하는 최선의 사역일 수 있다. 심방 중에 의사와 간호사들에게도 관심을 가지라. 당신은 그들을 정규적으로 보게 될 수도 있다. 자신을 소개하면서 그들과 관계를 맺고, 그들의 이름을 적어 두어 다음에 볼 때에는 이름을 부르며 인사하라.

당신의 모든 사역 중 병원 심방은 핵심적이며 의미 있는 부분을 차지할 것이다. 고통과 곤경과 연민의 이 장소는 많은 결실을 맺을 수 있는 비옥한 토양이기 때문이다.

# 31장
# 회의 인도

온 무리가 가만히 있어 바나바와 바울이 하나님께서 자기들로 말
미암아 이방인 중에서 행하신 표적과 기사에 관하여 말하는 것을
듣더니 말을 마치매 야고보가 대답하여 이르되 형제들아 내 말을
들으라(행 15:12-13).

얼마나 많은 회의에 참석할지를 알고 목사직에 들어서는 사람은
거의 없다. 목사직은 회의로 가득하며, 종종 목사가 회의를 인도해
야 한다. 소그룹 회의, 1대1 회의, 스탭 회의가 매주 열린다. 이런 회
의들도 잘 준비해서 임해야 하지만, 이것들은 인도하기 어렵지 않
은 회의이다. 그래서 이번 장에서는 장로, 집사, 회중, 위원회와 함
께 하는 더 큰 회의를 중점적으로 다룰 것이다. 큰 회의를 인도할
때, 다음과 같은 사항을 염두에 두라.

**의제 목록(agenda)을 설정하라.** 의제 목록은 언제나 유용하다. 그것은 회의 참석자들에게 회의를 위한 계획을 알려 주고, 논의 사항에 대한 정보를 제공하고, 주제가 불필요하게 옆길로 새는 것을 막아 주며, 전반적인 얼개를 제시한다. 의제 목록에 나오는 각 항목에 대해 시간을 할당하라. 그때 시간 할당을 현실성 있게 하고 주어진 시간을 철저히 지키라. 그렇게 해야 회의 진행이 빨라진다. 나의 첫 목회 때에는, 많은 장로 모임이 저녁 7시에 시작되어 한밤중까지 끝나지 않았다. 대부분 길게 회의할 필요가 없는 경우였다. 그렇게 늦어진 것은 회의를 제대로 인도하지 못했기 때문이다. 아침 일찍 일어나서 6시까지 공장이나 사무실에 출근해야 하는 평신도가 교회 일로 그렇게 늦게까지 교회에 있는 것은 부당하다. 의제 목록대로 진행했다면 그런 일은 막을 수 있었을 것이다. 의제 목록을 설정하고 그것을 지키면서 함께 수고하는 사람들을 존중하라.

**의제 목록에서 중요한 의제를 앞에 두라.** 참석자들이 간단히 토론한 후에 바로 결정할 수 있는 간단한 문제를 (기도와 성경 낭독에 이어지는) 의제 목록의 첫 항목으로 잡는 것이 편하다. 그러면 회의의 나머지 부분도 시원하게 진행하는 분위기가 형성되고 참석자들도 현안 문제에 즉시 몰두하게 된다. 몇 가지 간단한 항목을 처리하고 나면 곧바로 어려운 문제들을 다루라. 회의가 끝나가는 시점까지 어려운 문제들을 남겨 두면, 참석자들이 피곤해져서 생산적인 토론보다는 서로 다투게 될 가능성이 많아지기 때문이다. 그러나 힘든 문제를 회의 끝에 다루는 것이 더 나을 때도 있다. 많은 토론이 필요 없거나 불필요한 다툼을 일으킬 수 있다고 생각하는 주제는 맨 끝에 다루는 것이 더 좋을 수 있다. 그 시점에는 참석자들이 발언 기회를 얻어도 종종 말을 줄일 것이다.

**'로버트 회의법'[1]을 숙지하라.** 큰 회의에서는 '로버트 회의법'이 질서와 합의를 위해 거의 필수적이다. 또한 작은 회의에서는 엄격한 순서가 필요하지 않지만, 결정을 내려야 할 때에는 그것이 유용할 수 있다. 예를 들어, 모든 참석자가 특정 항목에 대한 논의에 끼어들면 그 논의는 꽤 길어진다. 그때 누군가가 동의할 것을 요청하면 결정을 내릴 기회가 생기게 된다. 그렇게 하면 이미 서너 번 제시된 의견을 반복해서 제시하는 것을 막을 수 있다. 훌륭한 리더는 로버트 회의법과 그것을 사용할 때를 알고 있다.

**당신이 회의의 리더라면, 리더로서 회의를 인도하라.** 그렇지 않으면 회의는 지루하고 제멋대로 흘러가 비생산적인 시간이 된다. 이는 당신이 인도자임을 참석자들이 알 필요가 있다는 뜻이다. 당신의 의견을 피력하고 의제를 제시하며 대화 중에 잘못된 점들을 기꺼이 바로잡으라. 그리고 당신은 경청하는 법과, 언제 다른 사람들이 대화를 주도하도록 허용할지, 특정한 문제를 놓고 언제 참석자들 스스로 그 답을 찾아가게 할지를 알 필요도 있다.

**만일 한 가지 의제 항목으로 회의가 '교착상태'에 빠져 있다면 주**

---

**1.** Henry M. Robert III et al., *Robert's Rules of Order Newly Revised*, 11th ed. (Cambridge, MA: De Capo Press, 2011).

**저하지 말고 창의성을 발휘하라.** 결정하기 힘든 의제에 대해 더 많은 토론이나 협력 기도가 필요한 경우에는 그 항목을 다음 회의 때까지 연기하라. 좋은 회의 리더는 논쟁적이거나 다루기 힘든 항목을 언제 소위원회에 넘길지를 안다. 건의안을 올려 달라고 소위원회에 요청하라. 종종 소그룹에서 더 유용하며 단순한 논의가 가능하다.

　　**자신의 방식을 항상 고집하지는 말라.** 리더로서 인도하지만 다그치지 말라. 당신이 리더나 의장이나 사회자로 섬길 수 있지만, 사실 회의에는 많은 사람이 관여하고 있다. 그들이 그렇게 하는 데는 그만한 이유가 있다. 회의를 겸손하게 인도하라.

　　목사로서 당신은 부단히 회의를 인도한다. 시간이 지나면서 당신은 경험을 통해 더 숙련되고 유능해질 것이다. 그렇게 되기까지 앞서 제시한 조언들 중 유용한 것을 적용해 보라.

# 4부
# 젊은 목사들의 함정

# 32장
# 너무 빨리 시작함

━

일의 끝이 시작보다 낫고 참는 마음이 교만한 마음보다 나으니(전 7:8).

한 젊은이가 여러 해 동안 신학 공부를 마치고 마침내 첫 목사직에 들어선다. 그는 이력서를 보내고 인터뷰에 응하고 목사고시를 통과하며 "우리는 목사님이 우리 교회에서 시무하시길 원합니다"라는 청빙 전화가 오기를 마음 졸이며 기다려 왔다. 마침내 그는 목회를 시작할 준비를 갖추고 짐을 꾸려 트럭에 싣고는 사역지로 향한다. 그는 어디서부터 시작해야 하는가? 무엇을 해야 하는가?

그의 관심을 끄는 일이 많다. 그는 유익한 주일학교 커리큘럼을 만들고, 집사 직분자들을 체계적으로 점검하고, 새로운 방식으로 지역 사회에 관여하고, 장로들에게 목양 사역을 위한 준비를 갖추게 하며, 교회 개척을 지원하도록 회중을 독려하길 원한다. 이외에도 할 일은 많다. 그는 주님이 그 교회에 대한 비전을 자신에게 주셨다고 믿고, 그 교회가 어디로 향해야 하는지를 알고 있다. 하지만 선견지명이 있는, 지혜로운 사람이라면 바로 이 시점에 제동을 걸 것이다. 해야 할 많은 일로 거칠게 덜렁대며 교회 안에서 뛰어다닐 수는 없고 그렇게 해서도 안 된다.

친애하는 목회자들이여, 천천히 시작하라. 실행하고자 하는 일을 자제하는 연습을 하라. 교인들을 알고 교회의 역학관계를 파악하라. 자신을 교사로 보기보다는 학생으로 보라. 시간을 두고 천천히 생각하라. 부임 후 6개월 안에 새로운 일을 시작하지 말라. 이런 접근법이 장기적으로 유익할 것이다. 교회 가족을 저녁 식사에 초청하고 그들의 삶과 교회 생활에 대해 물어 보라. 교인들의 가정을 심방하라. 그러면서 그들의 갈등을 파악하고 그들의 죄악을 알아내고 그들의 은사를 파악하며 그들의 열정을 찾아내라. 목회 시작한 후 몇 주간 장로와 집사들에게 시간을 할애하라. 대기 중인 차세대 리더십을 찾아내라. 앞으로 함께 의논할 수 있는 교회 리더를 알아내라. 무엇보다 교인들이 당신을 알 수 있게 하라. 그들 중에는 처음부터 당신을 리더로 따르길 원하는 이들도 있지만 어떤 이들은 아예 전화도 하지 않을 것이다. 즉 관계를 맺는 데는 서로 신뢰를 형성할 수 있는 시간과 기회가 필요하다.

나는 신참 목사들에게 성경의 작은 책(룻기, 요나, 빌립보서, 또는 골로새서)부터 설교하라고 독려한다. 3년에 걸친 이사야 66장 강해를 곧바로 시작하는 것을 삼가라. 분량이 긴 책에 뛰어드는 것은 담임목사를 잘 알고 신뢰하는 회중에게도 힘들 수 있다. 처음에 그들은 다양한 몇몇 책과 다양한 장르의 설교를 듣는 것으로도 당신에게 감사할 것이다. 그러므로 난해한 구절이나 메시지를 담은 책들을 피하라. 회중을 독려하며 그들에게 그리스도를 쉽게 소개할 수 있는 빌립보서나 골로새서 같은 책을 고르라. 고난(베드로전서), 교회 안의 다툼을 유발하는 문제들(고린도전서), 하나님의 공의(사사기), 거짓 교사들의 위험(디모데전서)에 대해 알려 주기 전에, 회중이 당신을 알게 하고 당신도 그들을 알아가는 과정이 필요하다. 회중은 그들을 사랑하고 그들이 존경하는 사람에게 듣는 교훈을 더 잘 들을 것이다.

천천히 시작하는 것은 리더십의 부족을 뜻하는 것이 아니다. 그것은 리더십의 일환이다. 교인들을 알아 가고 그들에게 당신을 알아 갈 기회를 주라. 그런 다음에 당신과 교회의 장로들이 하나님께 받았다고 믿는 비전 가운데로 그들을 담대히 인도하라.

# 33장
# 이상주의적인 열심

지식 없는 소원은 선하지 못하고 발이 급한 사람은 잘못 가느니라 (잠 19:2).

내가 젊은 목사들에 대해 인정하는 것 중의 하나는 열심이다. 열심은 사역에 더욱 분발하게 하고 동기를 부여하며 용기를 북돋운다. 하지만 그것은 심각한 혼란을 조성할 수도 있다. 그 자체로는 좋지만 열심이 당신의 등대 역할을 해서는 안 된다. 지식과 목회적 감수성과 인내를 통해 의도한 목적에 맞게 열심을 조절하고 관리하며 구체화할 필요가 있다.

대부분의 젊은 목사는 자신이 실제로 아는 것보다 더 많이 알고 있다고 생각한다. 이 말이 심하게 들릴 수 있지만, 나는 그것이 보편적으로 사실임을 줄곧 목격해 왔다. 개인적인 경험에서 하는 말이 기도 하다. 거의 모든 목사가 지난날을 돌아보며 젊은 시절에 자제했으면 좋았을 거라고 생각한다. 어디에 목숨을 걸지를 신중히 생각하라. 내가 목회 초기에 너무나 중요하게 생각했던 문제도 지금 보면 더 이상 중요하지 않다. 처음에 당신은 언젠가 갖게 될 지식을 지니고 있지 않다. 이는 당신이 열정으로 인도하거나 실행하거나 가르치기를 기피해야 한다는 뜻이 아니다. 다만 주변 사람들에게 기꺼이 배우라는 것이다. 처음에 필수인 것 같았던 교리나 실천 사항이나 확신이 사실은 필수적이지 않을 수 있다. 그렇다. 당신은 당신의 보살핌 아래에 있는 사람들을 가르치도록 주님의 부르심을 받았다. 하지만 당신도 가르침을 받아들여야 한다. 교회의 장로들과 교인들의 말은 물론, 같은 지역의 경험 많은 목사들의 말에도 기꺼이 귀를 기울이라. 그들은 조언을 통해 당신의 열심을 파괴하는 것이 아니라 조절하려 한다.

열심이 이상주의적인 사고방식을 반영할 때가 종종 있다. 내가 목사직을 처음 맡았던 때, 열심에 이끌려서 내린 결정 때문에 교회가 어려움에 처했다. 내게 약간의 목회적 감수성만 있었어도 좋았을 텐데, 당시에 나는 아이들이 공예배에 함께 참석하는 것이 좋다고 확신했다. 지금도 그 확신에는 변함이 없다. 그러나 당시 그 교회는 초등학생 나이대의 아이들을 공예배에 포함시킨 적이 한 번도 없었다. 그럼에도 당시 나는 교회에서 이러한 변화를 시도하는 데 이상주의적이었고 목회적 감수성이 없었기에, 이 변화의 필요성을 장로들에게 가르치며 주지시키려고 노력했다. 일단 그들이 동의하자, 나는 교인들에게 편지를 보내 이 변화가 임박했음을 알렸다. 우리는 자녀를 예배에 참석시키는 문제에 대해 부모들의 의견을 듣기 위해 회중 전체가 참석하는 공개회의를 열었다. 염려를 표하는 부모들도 있었지만, 나는 그런 감수성을 배제한 채 열심으로 밀어붙였다. 그로 인해 교회가 무너졌을까? 그렇지는 않다. 하지만 갑작스런 변화를 받아들일 준비가 되어 있지 않은 여러 가족이 힘들어했고, 그들 중 일부는 교회를 떠났다. 당시를 돌아보면서 나는 더 많은 시간을 갖고 그들의 염려에 세심하게 더 귀를 기울였다면 좋았을 거라는 생각이 든다.

사람들에게 인내하라. 목표와 일정을 정할 때 융통성 있게 하라. 비전을 실현하는 과정에서 인내하라. 종종 열심은 즉각적인 실현을 요구하며 밀어붙이는데, 그 열심을 소중히 여기되 자제하고 조절하라. 그렇게 해야 훗날 당신도 뒤돌아보면서 감사히 여기고 교인들도 고마워할 것이다.

# 34장
# 낙담

―

또 이르시되 하나님의 나라는 사람이 씨를 땅에 뿌림과 같으니 그
가 밤낮 자고 깨고 하는 중에 씨가 나서 자라되 어떻게 그리 되는
지를 알지 못하느니라(막 4:26-27).

목회는 묘한 노력이다. 목수는 하루를 끝내면서 자신의 일과 함
께 그 결실을 보고 만족을 느끼며 귀가한다. 의사, 도서관 사서, 작
가, 비서, 증권 중개인 등 거의 모든 직업인이 그렇게 할 수 있다. 하
지만 목사는 다르다. 그는 하루를 끝내면서 무슨 일을 이루었는지
알지 못한다. 목사는 영적인 영역에서 일하며 영혼의 의사로 부르
심을 받았기 때문이다. 그래서 말씀 사역을 하고 기도하고 상담하
고 제자훈련을 하고 가르치고 설교하며 복음을 전하지만, 그 노력
이 즉각적이며 구체적인 '결과'를 내는 경우는 거의 없다. 때로는 힘

든 노력의 증거를 볼 수 없기에 낙담할 수 있다. 그렇다면 어떻게 이 낙담을 물리칠 수 있을까?

목사는 하루의 사역을 잘 감당했다는 것이 보이는 증거로만 판단할 수 없음을 스스로 상기해야 한다. "우리의 씨름은 혈과 육을 상대하는 것이 아니요 통치자들과 권세들과 이 어둠의 세상 주관자들과 하늘에 있는 악의 영들을 상대함이라"(엡 6:12). 내 말을 오해하지 않기를 바란다. 목회의 과정과 교회 생활에서는 결실을 기대해야 한다. 하나님의 사람들 가운데 수고의 결실을 전혀 보지 못한 사람은 자신이 생각하는 은사가 없을 수 있다. 하지만 목사는 상인처럼 매일의 수고에 따른 결과를 정확히 알 수 없다.

이 상황에서 목사는 낙담을 경감시키는 방안으로 '결과물을 내려는' 유혹을 받을 수 있다. 그러나 자신이 이룬 일을 내보이고 싶은 마음은 덫일 수 있다. 저녁에 귀가한 내게 아내가 "오늘 뭘 하셨어요?"라고 물을 때, "공부하고 기도했어요"라고 말하기가 거북할 수 있다. 장로나 회중 또는 동료 스탭이 그렇게 물으면 더욱 난감해진다. 그래서 당신은 힘든 수고의 확실한 표지를 보여 주길 원한다. 그 결과 너무 많은 회의를 계획하고, 방침 마련, 이메일 발송, 임무 할당, 전화 걸기, 출석 수효와 헌금 액수에 에너지를 집중한다. 즉, 오늘, 이번 주, 이번 달에 이룬 일을 다른 사람들에게(그리고 자신에게) 보이려는 어리석은 마음 때문에 행정적인 일에 몰두하는 것이다. 그러면서 하나님이 당신에게 맡기신 일은 뒷전으로 밀리기 시작한다. 이 덫에 빠지지 말라!

당신이 하는 일의 비가시적인 특성이 때로는 당신을 낙담하게 하지만, 그 특성은 복음 사역의 고무적인 측면 중 하나이다. 당신은 주님이 하시거나 하신 일을 결코 알지 못한다. 예를 들어, 당신이 무의미하다고 생각한 대화가 상대방을 회심으로 이끈다. 서툰 설교가 무감각한 죄인을 뒤흔든다. 하나님은 당신을 영적인 일로 부르셨으며, 그분이 개입하셔서 일어나는 일은 항상 눈에 보이는 것이 아니다. 당신은 당신의 소명이 단지 하나님의 부르심을 받은 일에 신실한 것으로 그분이 지정하신 방편을 활용하는 것임을 기억해야 한다. 나머지는 하나님이 하신다.

마가복음 4장 26-29절에 나오는 씨 뿌리는 비유가 그 사실을 보여 준다. 농부가 나가서 땅에 씨를 뿌리고 집으로 돌아와서 잠을 잔다. 그의 일은 씨를 뿌리는 것이다. 만일 그가 하루의 노고에 대한 즉각적인 만족을 구한다면, 아무것도 얻지 못할 것이다. 그는 그냥 편안히 누워서 쉬어야 한다. 그가 자는 동안 주님이 일하신다. 잠에서 깨어난 그는 주님이 씨를 축복하여 풍성한 결실을 내게 하셨음을 발견한다. 씨를 뿌린 직후에 열매를 보지 못했다며 낙심한 상태로 잠자리에 드는 농부는 바보이다. 농사는 그런 식으로 하는 것이 아니다. 목회도 마찬가지이다. 목사는 씨를 뿌리고 하나님이 결실을 맺게 하신다.

그러므로 낮 동안에 신실하게 일한 후에 평안한 양심으로 귀가하라. 편안하게 잠을 자고 아침에 일어나서 다시 시작하라. 주님은 신뢰할 만한 분이다. 그러므로 낙담하지 말라. 주님이 일하신다.

# 35장
# 자신을 너무 중요하게 생각함

## 그리스도를 대신함

내가 너희 중에서 예수 그리스도와 그가 십자가에 못 박히신 것 외에는 아무 것도 알지 아니하기로 작정하였음이라(고전 2:2).

어느 날 저녁에 아내가 "그들이 필요한 것은 당신이 아니에요"라고 말했다. 적절한 때에 적절한 말이었다. 여러 달째 나는 부부 갈등과 심각한 약물남용에 빠진 한 부부를 도우려고 노력했다. 늦은 밤이나 아침 일찍에도 그 문제로 전화벨이 울렸다. 상대방은 통화 중에 울거나 때로는 고함을 질렀다. 나는 이 부부를 돕기 위해 모든 일을 제쳐두고 차를 몰고 가는 경우가 많았다. 사실 나는 그들을 사랑했고 그리스도의 품 안에 안전히 거하는 그들을 보길 원했다. 그러나 돌아보면 그때 나는 그들을 변화시키는 내 능력을 과신했던 것 같다. 그들에게 필요한 것은 내가 아니었다. 그럼에도 나는 그들이 나를 부르면 곧바로 달려갔고, 그들도 이미 그 사실을 알고 있었다. 불행하게도 나는 그들을 도우려고 노력하는 가운데, 그들이 내게서 모든 답을 찾도록 길들인 것이었다. 그리스도의 이름으로 그들을 보살피면서 정작 내가 그들을 그리스도로부터 멀어지게 하고 있었다.

목사로서 당신을 너무 중요하게 생각하지 말라. 종종 스스로 너무 과대평가하는데, 당신은 필요불가결한 존재가 아니다. 그리스도만 필요불가결하시다. 사도 바울이 좋은 예를 보여 준다. "내가 너희 중에서 예수 그리스도와 그가 십자가에 못 박히신 것 외에는 아무 것도 알지 아니하기로 작정하였음이라"(고전 2:2). 이 말은 왜 그가 고린도 교회의 분열에 그토록 격노했는지를 이해하도록 도와준다. 그 교회에 속한 이들은 각각 나뉘어 "나는 바울에게", "나는 아볼로에게", "나는 게바에게" 속한 자라고 말했다(고전 1:12). 우리는 구주나 메시아나 그리스도가 아니라 목사로 섬긴다. 목회하는 중에 다른 사람들을 돕는다는 명목으로 선을 넘기 쉽다. 그러나 이 사실을 명심하라. "하나님과 사람 사이에 중보자도 한 분이시니 곧 사람이신 그리스도 예수"이시다(딤전 2:5).

목사는 잘못된 문화가 사역에 영향을 미치지 않도록 주의해야 한다. 아첨꾼이나 팬이나 광신자들을 바라면 안 된다. 만일 사람들이 그리스도보다 목사 때문에 교회에 합류한다면 문제가 있다. 만일 사람들이 친구에게 그리스도보다 목사에 대해 말한다면, 그 목사는 그 무례함에 대해 슬퍼해야 한다. 자신을 중요하게 생각하지 않는 목사는 기꺼이 그리스도와 그분이 십자가에 못 박히신 것을 전한다. 그는 자신이 위로받거나 자신의 이름이 알려지거나 이생에서 자신의 보수를 받는 일에 관심을 두지 않는다. 오히려 그는 세례 요한처럼 "그는 흥하여야 하겠고 나는 쇠하여야 하리라"고 고백한다 (요 3:30).

겸손한 목사가 좋은 목사이다. 자신을 중요하게 생각하지 않기에, 목회는 물론이고 그리스도인으로 살아가는 삶 전체에서 겸손해질 수 있다. 겸손한 사람은 주님을 올바로 섬기는 사람이다. 그러므로 자신을 너무 중요하게 생각하지 말라.

# 36장
# 자기 역할을 충분히 심각하게 생각하지 않음

---

네 속에 있는 은사 곧 장로의 회에서 안수 받을 때에 예언을 통하여 받은 것을 가볍게 여기지 말며 이 모든 일에 전심전력하여 너의 성숙함을 모든 사람에게 나타나게 하라(딤전 4:14-15).

예전에 서반구에 거주하던 자들은 목회자를 존경하며 심지어 경모하기까지 했다. 그러나 일반적으로 그 시기는 지났다. 불행하게도 오늘날 많은 목회자들은 자신의 소명을 낮게 평가하는데, 이런 태도는 그들의 심각함 부족에서 엿볼 수 있다. 목사가 지나치게 얌전하거나 고루할 필요는 없지만(유머 감각과 상냥한 성품은 목회에 도움이 된다), 목사는 또한 자기 역할을 심각하게 생각해야 한다. 소명이 그것을 요구한다.

목사는 사람들의 이목을 받으며 살아간다. 따라서 "책망할 것이 없으며 절제하며 신중하며 단정"해야 한다(딤전 3:2). 하나님의 가족 내에서 존경받을 만해야 하며 "외인에게서도 선한 증거를" 얻어야 한다(딤전 3:7). 또한 믿음의 진전을 다른 사람들에게 보여 주어야 한다(딤전 4:15). 자신의 삶에 주의하지 않는 목사는 전체 회중과 공동체의 영성에 악영향을 미칠 수 있다.

목사는 진지한 결의로 회중을 돌볼 필요가 있다. 히브리서 기자는 교회에게 "너희를 인도하는 자들에게 순종하고 복종하라 그들은 너희 영혼을 위하여 경성하기를 자신들이 청산할 자인 것 같이 하느니라"(히 13:17)라고 당부한다. 목사로서 당신은 주님이 당신의 보살핌 아래에 두신 사람들에 관하여 주님 앞에서 청산해야 한다. 이것은 의미심장한 소명이다. 목회에는 사소한 것이 전혀 없다. 매주 당신이 행하는 것이 주님의 양들에게 유익이나 해를 가져다준다. 즉 목사의 삶은 하나님 나라를 신실하게 섬기거나 그것을 무시하는 것이다.

단지 기계적으로 반복하는 삶을 거부하라. 월요일이 되면 당신은 앞에 놓인 한 주를 가득 채운 동일한 일정과 마주한다. 월요일 오후에는 스탭 회의가 있고, 수요일에는 예배 순서를 짜고 장로들과 모임을 갖는다. 목요일까지 설교 노트를 완성하고, 금요일까지는 주일학교 교안을 작성한다. 그리고 금요일 저녁까지 설교 초안을 작성해야 한다. 그 와중에 틈틈이 목회 심방, 상담 약속, 행정 등의 일을 한다. 그러다 보면 우편물을 점검하고, 출근부에 도장을 찍고, 교회가 요구하는 일을 수행하는 판에 박힌 일이 되기가 너무나 쉽다. 하지만 결코 그렇게 되어서는 안 된다! 목사의 소명은 기계적으로 반복하는 일 그 이상을 요구한다. 목사로서 당신은 복음의 진리를 다른 이들에게 전하고 과중한 짐에 짓눌려 죽어 가는 영혼을 돌볼 책임이 있다. 이것은 진지한 소명이다.

그러므로 교리, 영적인 삶, 명성, 시간, 노력, 준비, 리더십, 결혼 생활, 자녀, 설교, 가르침, 기도, 손 대접, 제자훈련, 레크리에이션을 가볍게 여길 수 없다. 당신의 삶 전체를 심각하게 생각해야 하며, 주께서 당신에게 은혜롭게 맡기신 일을 성실한 청지기로서 잘 감당하려고 노력해야 한다. 앞서 살펴봤듯이 목사는 자신을 너무 중요하게 생각해서도 안 되지만, 반대로 자신을 충분히 중요하게 생각하지 않아도 안 된다. 그런 태도는 교인들과 당신의 사역과 영혼에 치명적일 수 있다.

# 37장
# 또 시작이군

**일부 신학적 주제만 계속 말하는 현상**

━

　대부분의 노회는 목사 고시를 담당한다. 그 시험은 참석한 모든 목사 앞에서 행하는 설교를 포함한다. 목사 고시를 실시하는 노회에 처음 참석했던 때가 기억난다. 한 젊은이가 계단을 올라가 단 위에 서서 경험 많은 여러 목사 앞에서 설교를 시작했다. 긴장한 기색이 역력한 그는 "오늘 아침의 본문은 에베소서 1장입니다"라며 떨리는 음성으로 설교를 시작했다. 그때 한 목사가 옆의 목사에게 "놀랍습니다, 놀라워요!"라고 나지막하게 속삭이면서 낄낄거리며 웃었다. 젊은 장로교 목사들은 금방 눈에 띈다. 그들은 한 손에는 성경을, 다른 손에는 웨스트민스터 신앙고백서를 들고서 정장을 입고 다닌다. 그들의 대화 주제는 대체로 예정 교리이다(나도 그들 중 한 명이었다). 에베소서 1장은 젊은 장로교 목사들에게 인기 있는 본문으로, 때로는 그것이 유일한 성경 본문인 것처럼 보인다.

목사들은 특정한 신학적 주제들을 선호하는 편이다. 대체로 은혜나 6일간의 창조나 세례 등의 교리들을 좋아하며, 그 사실을 모두 알고 있다. 그들과 오래 있지 않아도 그들이 무엇을 가장 좋아하는지를 알 수 있다. 그들이 그것을 말하고, 만일 그렇지 않더라도 계속 귀를 기울이면 그들은 다시 말할 것이다. 대화하고 설교하며 가르치는 모든 기회를 통해 그들이 선정한 주제를 전하려 하기 때문이다. 똑같은 조랑말 마술을 반복하는 서커스처럼, 목사가 한 가지만 말하는 것 같을 때 교인들은 귀를 막기 시작한다. 성경에 따른 확신에 대해 열정을 품으라. 그것을 전하는 일을 기피하지 말라. 그러나 한 곡만 연주하지는 말라. 한 곡만 연주하면 사람들은 더 이상 들으려 하지 않을 것이다.

'렉티오 콘티누아' 강해설교는 젊은 목사가 편중되지 않도록 지켜 준다. 렉티오 콘티누아는 '연속적으로 읽기'라는 뜻의 라틴어이다. 이것은 기독교 교회에서 오랜 역사를 자랑하는 설교 방식이며 성경의 책 한 권 전체를 연속으로 설교해 나가는 것을 가리킨다. 한 책이 끝나면 다음 책으로 넘어간다. 이렇게 하면 설교자가 자신이 좋아하는 신학적 주제를 계속 다루지 않게 된다. 주제 설교 시리즈가 필요한 시기나 경우도 있다. 그러나 오늘날 대부분의 교회에는 주제 설교가 너무 많다. 한편 시리즈 설교의 내용도 강해적이어야 한다. 설교는 목사의 창의력이 아니라 본문에서 흘러나와야 한다. '렉티아 콘티누아' 강해설교는 자신이 신뢰하고 좋아하는 주제만 다루지 않도록 막아 주는 최선의 안전장치이다.

당신의 설교와 가르치는 사역에 대한 정규적인 피드백을 모색하는 것도 중요하다. 만일 스탭 팀이 있다면, 월요일이나 화요일 아침에 그들과 만나서 예배를 재검토해 보라. 당신의 설교를 솔직하게 피드백해 줄 것을 그들에게 부탁하고 그것을 되돌아보라.

교인들에게도 귀를 기울이라. 그들은 당신의 관심을 끄는 것에 대해 의문을 표하며 의견을 밝힐 것이다. 그들은 당신의 설교에서 열정을 보이며 강조하는 것을 잘 알아챌 것이다. 그들의 이야기는 당신의 설교와 가르침과 리더십의 깊이와 넓이를 가늠하는 탁월한 척도일 수 있다.

신학이나 실천사항의 한 가지 분야에 열정을 쏟는 것은 그릇되거나 해로운 일이 아니다. 하지만 그것에 너무 많은 열정을 쏟는 것, 즉 당신이 말하려는 것을 모두들 알고 있고 당신의 전체 사역이 그 한 가지에 집중될 정도로 열정을 쏟는 것은 해로울 수 있다. 아무도 주의를 기울이지 않는, 케케묵은 잔소리가 될 정도로 한 가지 신학적 주제에만 집착하지 말라. "하나님의 뜻을 다" 교인들에게 전하라 (행 20:27).

# 38장
# 기린증후군
## 만족 결여

—

주께서 심지가 견고한 자를 평강하고 평강하도록 지키시리니 이는 그가 주를 신뢰함이니이다(사 26:3).

그것은 포착하기 힘들지만 파괴적이다. 목사가 인식하기도 전에 기어들어와서 그의 생산성과 열정과 사역을 갉아먹는다. 나는 그것을 '기린증후군'이라 부른다. 그것은 자기 마음에 쏙 드는 곳을 찾으려고 목을 뻗어 고개를 이리저리 돌리며 다른 곳을 기웃거리려는 유혹이다. 본질적으로 그것은 만족 결여이다. 당신 앞에 놓인, 당신에게 주어진 사람들에 대한 사역을 행하지 않으면서, 더 크거나 쉬운 것 혹은 더 현저한 그 무엇을 바라기 시작한다. 때로 당신은 단지 다르기만 하면 그것이 무엇이든 마음을 빼앗긴다.

반면 주님이 당신의 마음을 들뜨게 하여 하나님 나라를 위해 다른 일을 하도록 서서히 몰아가실 때도 있다. 그것은 거룩한 불만족으로, 대부분의 목사는 어느 시점에 이런 일을 경험한다. 하지만 이번에 다루는 것은 그 주제가 아니다. 여기서 말하는 것은 거룩한 불만족이 아니라 목회자 자신이 다른 곳을 너무 살펴서 겪는 불만족이다. 목사는 자신에게 불만족을 느낄 때마다 그것을 테스트해 보아야 한다. 과연 '그것은 거룩한가 아니면 불경스러운가?' 불경스러운 불만은 우리가 피해야 하는 대적이다.

불만족의 함정은 주로 세 가지로 구분된다. 첫 번째는 당신이 부름받은 사역지에 대한 불만족이다. 이 불만족은 자신도 모르게 떠오르는 다음과 같은 일련의 생각으로 시작된다. '저 건너편의 교회에 자원이 더 많다', '저 지역이 더 흥미를 끈다', '저 교회처럼 지원 스탭이 있으면 좋겠다' 등의 생각이 다른 사람들에게는 드러나지 않을 정도로 은밀하게 들어오면, 자신이 섬기는 교회에 대한 애정이 줄어든다(출 20:17). 대개 불만족이 자리잡을 때 신실성은 쇠퇴한다. 잘 인정하지 않으려 하겠지만, 예전처럼 열성적으로 노력하지 않을 것이다. 전처럼 열심히 일하지 않거나 전처럼 간절히 기도하지 않거나 혹은 전처럼 준비를 잘하지 않는다.

불만족은 파괴적이다. 목회자들이여, 당신이 있는 곳에서 만족하라. 주님이 이 교회와 이 지역과 이 분야의 일로 당신을 부르셨다. 그분이 다른 곳으로 당신을 분명히 부르시기 전까지 이곳에서 일할 사람은 당신이다. 당신이 다른 사람들도 여기서 일할 수 있다고 생각할지 모르지만, 주님은 특별한 목적을 위해 당신을 이곳으로 부르셨다. 당신은 그 이유를 모를 수 있지만 주님은 아신다. 그분은 교회의 주인이고 당신은 그분의 부르심에 따라 섬긴다. 그러므로 당신이 있는 곳에서 충성하라.

두 번째, 불만족은 당신이 섬기도록 부르심을 받은 사람들에 대한 것이다. 나는 몇 년 전에 교회 개척자로 일할 때 이런 문제에 직면했다. 교회를 개척한 지 1년쯤 되었고 나는 지역민들과 접촉을 시도하느라 바빴다. 그러나 주님이 만나게 해 주신 사람들은 내가 기대하거나 찾는 부류가 아니었다. 어느 날 아침에 나는 아내를 학대하다가 서로 헤어질 위기에 놓인 사람과 상담했고, 이어서 자녀를 돌보지 않는 어떤 사람을 만나기 위해 차를 몰았다. 나는 계속 그와 상담을 하고 있었고, 그를 만나러 가면서 운전 중에 알코올 중독자 남편 때문에 울고 있는 교인에게 전화를 걸었다. 부끄럽게도 나는 전화를 끊고서 낙담에 빠진 목소리로 "주여, 제발 제게 정상적인 사람을 좀 보내 주세요"라고 크게 외쳤다. 그 사람들은 '정상적'이 아니라는 식이었다.

그 말이 내 입에서 나온 순간에 나는 슬픔에 잠겼다. "입에서 나오는 것들은 마음에서 나오나니 이것이야말로 사람을 더럽게 하느니라"(마 15:18). 그리고 내 마음은 편하지 않았다. 주께서 특정한 사람들을 복음 사역으로 섬기는 특권과 영예를 주셨는데, 내가 '다른 사람들을' 원하는 것이 얼마나 서글픈 일인가. 그들에게 복음의 진리가 필요한데, 나는 나 자신의 계획을 세우느라고 분주한 나머지 더 '안정적인' 사람들과 함께 교회를 세우는 게 더 좋을 거라고 생각했다. 하나님은 깨지고 상처 입은 그들을 내게 주셨다. 그런데 당시 나는 그들을 제대로 사랑하지 못했다. 그것은 그리스도를 제대로 섬기지 못한 것이다.

주님은 그분이 당신의 지역 교회로 이끄시는 누구든지 당신이 섬기기를 원하신다. 그들이 당신의 "영광이요 기쁨"이다(살전 2:20). 당신은 기쁨으로 그들을 섬겨야 한다. 히브리서 기자는 교회의 리더들에 대해 이렇게 말했다. "그들로 하여금 즐거움으로 이것을 하게 하고 근심으로 하게 하지 말라 그렇지 않으면 너희에게 유익이 없느니라"(히 13:17).

세 번째 불만족은 섬기도록 부르심을 받은 방식에 대한 것이다. 너무나 많은 목사가 지역 교회에서 목회하기보다는 컨퍼런스 강사, 저자, 신학교 교수가 되기를 바란다. 자신의 교회 밖에서 정규적으로 설교해야 하는 목사는 드물다. 그렇게 하도록 소명을 받은 이들은 극소수이다. 즉 컨퍼런스 강사보다는 지역 교회에 헌신하는 신실한 목사들이 더 많이 필요하다.

당신이 부르심받은 곳, 섬기도록 부르심을 받은 사람들, 섬기도록 부르심받은 방식에 만족하라. "자족하는 마음이 있으면 경건은 큰 이익이 되느니라"(딤전 6:6). 만족을 추구하라. 그것을 위해 기도하고 그 마음을 품으며 안식을 찾으라.

# 39장
# 천편일률

때가 오래 되었으므로 너희가 마땅히 선생이 되었을 터인데 너희
가 다시 하나님의 말씀의 초보에 대하여 누구에게서 가르침을 받
아야 할 처지이니 단단한 음식은 못 먹고 젖이나 먹어야 할 자가
되었도다(히 5:12).

자신의 격자판으로만 사역하려 하지 말라. 내가 말하는 '격자판'
이란 우리 자신의 고유한 삶의 경험과 개인적인 고투, 미래의 소망
들, 말씀에 대한 이해, 목회를 가리킨다. 당신의 격자판을 알고 있으
라. 그러나 그 렌즈를 통해서만 모든 문제를 진단하거나 모든 설교
를 구상하거나 모든 소식지를 쓰려고 하지 말라.

성경의 내용은 다양하고 그 속의 진리는 다양한 측면을 담고 있
다. 그 실재를 무시하지 말라. 그것은 당신의 사역을 고정된 것이 아

니라 역동적인 것이게 한다. 당신의 초점을 사람과 상황과 필요에 맞출 수 있고 그렇게 맞춰야 한다. 병원 심방 때마다 같은 성경 말씀을 읽을 필요는 없다. 입원한 사람이 주님의 세심한 돌보심을 상기할 필요가 있을 때에는 시편 121편을 읽을 수 있고, 환자가 염려로 가득한 때에는 마태복음 6장을 읽어 줄 수 있다. 또는 환자가 이 세상의 것에 너무 집착하는 관계로 부드러운 책망이 필요한 경우에 요한일서 2장 15-17절을 읽을 수 있다.

목사의 제한된 격자판이 가장 널리 침투하는 곳은 설교이다. 어떤 이들은 본문만 달리할 뿐, 매주 같은 설교를 한다. 그들의 설교는 예측 가능하고 교인들은 활기를 잃고 설교 내용을 자신의 삶과 심령에 잘 적용하지 않는다. 불행하게도 목사가 이 상황을 알아채지 못하는 경우가 많다. 더 많은 자양분에 굶주린 이들이 반발을 표하지만, 자신의 반발이 아무런 반응도 유발하지 않는다고 느끼면, 아마도 그들은 불만에 사로잡혀 결국 교회를 떠날 것이다. 남아 있는 교인들은 설교가 자신의 마음에 들고 위로를 주므로 아무런 불평도 표하지 않을 수 있다. 하지만 그들은 새로운 내용을 전혀 듣지 않으니, 그들의 죄가 파헤쳐지는 경우는 거의 없다. 만일 당신의 설교를 회중이 언제나 즐겁게 듣고 그 설교를 듣고도 아무런 고민을 하지 않는다면, 당신의 설교는 분명 한 군데에 초점을 맞추어 온 것이다.

만일 당신이 모든 교인에게 항상 동일한 메시지가 필요하다고 믿고 설교한다면, 당신의 보살핌을 받는 교인들은 큰 위험 속에서 살고 있는 것이다. 또한 단 하나의 약으로 모든 질병을 치료할 수 없듯이, 당신이 설교에서 약효를 느끼지 못하는 교인이 많아질 것이다. 따라서 만일 당신의 접근법과 메시지에 아무런 변화가 없다면, 교인들은 병들게 된다. 당신이 매주 복음을 전해야 하는가? 물론이다! 하지만 복음의 다양한 적용과 복잡한 내용을 간과하지 말라. 복음은 단순하지만 말할 수 없을 정도로 복잡하기도 하다. 성경은 한 구절을 계속 반복하지 않는다. 한 가지 적용을 방식만 바꾸어 가면서 계속 반복하여 제시하지도 않는다. 성경은 전인(全人)을 돌보고 모든 사람을 돌보며 모든 필요를 돌본다.

회중 가운데는 지친 자도 있으며, 죄책과 두려움과 염려와 낙심과 더불어 씨름하는 자도 있다. 교만한 자, 거만한 자, 게으름뱅이, 태만한 자도 있다. 사람을 좋아하는 자와 사람을 미워하는 자도, 회의론자와 열광적인 자도 있을 것이다. 그 가운데 당신은 큰 고난 중에 있는 사람과 거의 고난과는 무관한 사람을 각각 돌봐야 한다. 어떤 이들은 이성적이고 또 어떤 이들은 감성적이다. 또한 어떤 이들은 감수성이 예민한 반면에 어떤 이들은 바위처럼 단단해 보인다. 당신의 보살핌을 받는 모든 유형의 사람들에게 다가가기 위해, 사역 중 특히 설교를 다양하게 하라. 이는 메시지에 변화를 주고, 다양한 유형의 사람들에게 맞는 적용을 제시하고, 다양한 그룹을 고려한 교회 프로그램을 만들고, 성경의 여러 군데에서 설교 본문을 선정하고, 설교 중에 다양한 범주의 책을 추천하며, 목회 심방이나 병원 심방이나 상담으로 교인들을 만날 때 융통성 있게 사역해야 함을 뜻한다. 주님은 당신을 영혼의 의사로 삼으셨다. 그러므로 당신은 올바른 약을 올바른 방식으로 조제해야 한다.

　성경의 좋은 점 중 하나는 성경에서 다루지 않는 사람이나 죄나 갈등이 지구상에 하나도 없다는 것이다. 성경은 위안을 주기도 하고 검의 역할을 할 수도 있다(히 4:12). 바르게 하고 의로 교육하기에 유용하다(딤후 3:16). 또한 성경은 달콤하면서(시 119:103) 이해하기 힘들기도 하다(요 6:66). 이제 성경의 영광이 모든 사람의 모든 상황에서 모든 방식으로 환하게 비춰게 하라.

# 40장
# 사람들로 인한 좌절

—

데마는 이 세상을 사랑하여 나를 버리고 데살로니가로 갔고(딤후 4:10).

목회 사역에서 사람들은 필수적이다. 그들은 훌륭하고 고무적이고 협력적이며 활기를 불어넣을 수 있다(몬 7절). 그런가 하면 변덕스럽고 낙담시키며 해로울 수도 있다. 목사로서 당신은 이 두 가지 실재를 지속적으로 분명하게 체험할 것이다. 목회에서 가장 힘든 일들 중 하나는 사람들로 인한 실망이다.

당신이 보살피는 사람의 행동이나 결정이 당신을 실망시키는 경우가 있다. 그런 점에서 나도 지난 10년의 목회를 돌아보면, 당시에는 구원하는 믿음으로 나아온 것처럼 보였으나 지금은 그리스도를 전적으로 거부하는 사람이 생각난다. 한편 내가 교회에서 친하게 여겼는데 믿을 수 없는 배신을 한 사람을 생각하면 지금도 낙심이 된다. 또한 교회가 매우 헌신적으로 보살폈던 한 여성이 있는데, 지금 그 여성은 자신을 보살펴 준 교회를 비방한다. 이외에도 사소한 의견 차이로 교회를 떠난 사람들, 간음에 빠진 장로, 다른 종교로 개종한 어느 가족이 생각난다. 이렇듯 목회를 하는 중에는 낙담할 일이 많다. 하지만 이 모든 서글픈 상황에서도 사람들로 인해 좌절하지 않도록 주의하라.

이 유혹과 관련하여 나는 데마와 바울을 생각한다. 데마는 바울의 핵심 측근 중 하나였다. 빌레몬서에서 바울은 끝인사를 하며 데마를 에바브라, 마가, 아리스다고, 누가와 함께 언급한다(몬 23절). 골로새서의 끝인사에서도 그를 다시 언급한다(골 4:14). 바울은 덕망 있는 성도 목록에 포함시킬 정도로 데마를 신뢰했던 것이 분명하지만, 디모데후서 4장 10절에서는 "데마는 이 세상을 사랑하여 나를 버리고 데살로니가로 갔다"고 전한다. 바울이 신뢰했고 그리스도 안에서 사랑하는 형제였던 데마가 바울을 배신했다. 게다가 그는 주님도 배신했다. 세상을 사랑하여 신앙을 버린 것이다.

데마의 변절이 바울을 좌절에 빠지게 할 수 있었지만, 바울은 그것을 허용하지 않았다. 만일 그가 좌절해서 자신 앞에 놓인 사역을 포기했다면 우리 모두 피해를 입었을 것이다. 물론 바울이 슬퍼하고 애통해하며 데마를 위해 기도했겠지만, 그는 한 사람의 저주스런 결정으로 자신의 사역이 곁길로 빠지는 것을 허용하지 않았다.

당신은 목회를 하면서 사람들에게 많이 실망할 것이다. 그것은 불가피하다. 세상과 죄의 당기는 힘은 강력하며, 당신이 가장 사랑하는 사람들 중에 당신을 실망시키는 사람들이 있기 때문이다. 결국 당신이 신뢰하는 이들이 믿을 수 없는 사람이라고 입증될 것이다. 굳건한 믿음을 지녔다고 생각했던 사람들이 돌밭에 떨어진 씨와 같은 존재로 판명날 것이다(막 4:5-6). 성숙하다고 생각한 사람들이 유아 같다고 입증될 것이다(고전 3:1). 그런 문제로 슬픔과 실망, 심지어 낙담에 시달릴 수도 있겠지만 좌절하지 말라. 당신이 그렇게 되면, 당신의 대적은 일거양득의 승리를 얻게 될 것이다.

# 41장
# 강의 설교

—

하나님의 지혜에 있어서는 이 세상이 자기 지혜로 하나님을 알지 못하므로 하나님께서 전도의 미련한 것으로 믿는 자들을 구원하시기를 기뻐하셨도다(고전 1:21).

언젠가 40대 후반의 설교자가 내게 "나는 현재 나의 설교 커리어상 최정점에 올라 있어서 앞으로 더 나은 설교를 할 수 없을 것 같아요"라고 말했다. 그는 앞으로 공적 설교 사역을 할 수 있는 기간이 15년이나 더 남았었다. 나는 그가 이미 설교자로서 정상에 이르지 않았기를 바란다. 우리 목사들은 하나님의 은혜로 하나님 말씀의 전달자로서 자신이 계속 성장하기를 원한다. 강해, 설교 습관, 음성 조절, 신학, 적용, 예화, 설교의 구조, 회중과의 교류 등 모든 면에서 설교자로서 성숙해지길 원한다. 대부분의 젊은 설교자는 성장의 여지가 많으며, 아직 미성숙하기에 삶을 변화시키는 설교보다는 무미건조한 강의를 하기 쉽다.

젊은 목사의 무미건조한 강의를 들을 때 나는 어떤 면에서 고무된다. 대개 그것은 그가 강해적인 설교에 몰두하고 있음을 뜻하기 때문이다. 설교에 성경 본문의 문법과 구문과 원어를 다루는 것이 분명히 드러난다. 젊은 목사들이 그런 연구를 하며 하나님 말씀의 오묘한 진리를 깊이 있게 파악하고 있다는 사실에 대해 하나님께 감사드린다. 그러나 그러한 헌신에 대해 감사할 뿐, 무미건조한 강의는 설교에 맞지 않다.

어떤 구절에 대한 주석이 설교가 아니듯이 강의도 설교가 아니다. 설교는 정보를 전하거나 정보 제공 세미나를 진행하는 것이 아니다. 좋은 설교는 머리를 통해 가슴에 도달하는 것을 목표로 삼는다. 불행하게도 강의식 설교는 회중의 가슴을 전혀 고려하지 않고 순전히 머리에 집어넣는 데만 주력한다. 정상적인 설교자는 이 두 가지 접근법의 차이를 분별할 것이다. 내가 정의하는 효과적인 설교는, 회중이 성령의 감동으로 성경 본문의 진리를 머리로 이해함과 동시에 가슴으로 받아들이게 하는, 열정적인 선포이다.

젊은 설교자들의 설교는 열정이 부족한 경우가 많다. 리처드 백스터는 "나는 마치 다시 설교할 기회가 결코 없는 것처럼, 죽어 가는 사람이 죽어 가는 사람들에게 하듯이 설교했다"[1]라고 말했다. 우리는 영원한 진리를 다룬다. 설교는 열정 없이 거드름 피우며 말하는 것이 아니다. 교인들에게 연극이나 불필요한 드라마는 필요

없으며, 좋은 설교에는 그런 것이 필요 없다. 목사들은 회중을 향한 사랑으로 가득해야 한다. 설교는 열정적인 호소를 통해 표현되는 사랑이다. 한번은 불신자인 데이비드 흄이 개인적으로 복음을 믿지도 않으면서 왜 조지 횟필드의 설교를 들으러 가느냐는 질문을 받았다. 들리는 이야기에 따르면 흄이 "나는 그것을 믿지는 않지만 그는 그것을 믿지."라고 대답했다고 한다. 자신이 설교하는 말씀의 진리에 붙들린 설교자는 강단에서 그렇게 드러날 것이다. 이런 유형의 설교자는 준비된 통로의 역할을 하며, 듣는 사람들도 동일한 진리에 붙들릴 것이다.

좋은 강해 설교를 듣고 그것이 성경 본문의 의미를 청중에게 어떻게 전달하는지를 연구해 보라. 경험이 많은 설교자는 관련 예화와 도전을 주는 적용을 자주 사용함을 알게 될 것이다. 젊은 목사들이여, 예화를 확보하는 데 시간을 들이라. 예화가 설교를 지배해서는 안 되지만 예화가 없어서도 안 된다. 마찬가지로 성경 본문에서 유용한 적용을 뽑아내기 위해 열심히 노력하라. 당신이 전하려고 하는 신학적 진리만큼 풍성한 본문 적용을 목표로 삼으라. 하나님의 말씀을 적용하려 할 때, 여러 가지 상황에 처한 다양한 유형의 사람을 염두에 두라. 모든 이에게 감명을 줄 필요는 없지만, 때에 따라 설교는 교만한 사람, 두려워하는 사람, 외로운 사람, 의심하는 사

---

1. Richard Baxter, *The Poetical Fragments*, 4th ed(London: W. Pickering, 1821), 35, accessed on Archive.org.

람, 잃어버린 사람, 세상적인 사람, 곤경에 처한 사람, 회의론자, 영적으로 성장하고 있는 사람 등 다양한 이들을 고려하는 것이어야 한다.

주석을 기억하라. 헬라어와 히브리어도 유용한 도구이지만 이들은 도구일 뿐이다. 좋은 삽과 곡괭이처럼 이들은 보석을 파내는 것을 도와줄 뿐, 이들 자체가 진열될 보석은 아니다. 불행하게도 매주 많은 회중이 설교보다는 특정 본문에 대한 전문적인 주석을 접한다. 회중은 헬라어나 히브리어 지식을 과시하는 설교자에게 영적 유익을 거의 얻지 못한다. 주격, 속격의 복잡한 뜻을 배워서 마음의 감동을 받는 교인은 극히 드물다. 스스로 깊은 인상을 주려고 하지 말고 회중이 그리스도와 그분의 진리로 깊은 인상을 받는 것을 열망하라.

끝으로 조나단 에드워즈가 한 말을 덧붙인다.

"단지 좋은 성경 주석과 강해, 다른 좋은 신학 서적들을 지니고 있다고 해서 하나님이 의도하신 목적을 충족시키는 것은 아니다. 그런 것들은 하나님의 말씀을 교리적으로나 사변적으로 잘 이해하게 도와줄 수는 있지만, 사람들의 마음에 제대로 감명을 주지 못하기 때문이다. 설교자는 설교 중에 해당 말씀을 생생하고 구체적으로 적용해야 한다. 하나님은 이러한 적용을 신앙의 중요성, 죄인의 비참함, 치료책의 필요성, 제공된 치료책의 영광과 충분성 등을 상기시켜 죄인들에게 감명을 줄 수 있는 방편으로 삼게 하셨다. 또한 신앙의 위대한 일들을 상기시키고 이것들을 적당한 형태로 배치하여 제시함으로써, 이미 충분히 배워서 알고 있는 그 내용을 적절히 적용해 성도의 영적 정서를 소생시키고 그들의 순수한 마음을 고무시킬 방편으로 삼게 하셨다."[2]

---

2. Jonathan Edwards, *Religious Affections* (Carlisle, PA: Banner of Truth, 1997), 44.

# 42장
# 빗나간 예화와 적용

—

우리가 말들의 입에 재갈 물리는 것은 우리에게 순종하게 하려고 그 온 몸을 제어하는 것이라 또 배를 보라 그렇게 크고 광풍에 밀려가는 것들을 지극히 작은 키로써 사공의 뜻대로 운행하나니 이와 같이 혀도 작은 지체로되 큰 것을 자랑하도다 보라 얼마나 작은 불이 얼마나 많은 나무를 태우는가(약 3:3-5).

앞서 논의했듯이, 관련 예화와 도전적인 적용은 종종 탁월한 설교의 특징을 이룬다. 그러나 잘 사용하지 못했을 경우에는 도움을 주기보다는 도리어 핵심을 빗나가게 한다. 그것이 설교를 지배하거나 사람들을 그릇된 길로 이끌거나 실망시킬 수 있다. 하지만 올바른 예화와 적용을 찾는 방법이 있다.

첫째, 예화를 다양하게 활용하라. 어떤 예화는 짧고 유쾌하게, 어떤 예화는 듣는 이들이 철저히 자신의 삶과 연관시킬 수 있도록 좀 더 길게 해야 한다. 또한 예화의 주제도 다양해야 한다. 대부분의 설교자는 특정한 분야의 예화를 더 편안하게 여긴다. 예를 들어 나는 역사와 스포츠를 좋아한다. 고맙게도 역사와 스포츠는 그 자체를 예화로 사용하기에 편하다. 하지만 내가 모든 예화를 그런 내용으로만 사용할 수는 없다. 만일 그렇게 하면, 역사와 스포츠에 관심이 없는 사람들은 내 설교에 싫증을 느낄 수 있다(내가 일부러 그들이 싫증을 느낄 만한 이유를 만들 필요는 없다).

둘째, 너무 자주 설교자와 관련된 예화를 사용하면 그것은 좋지 않다. 청중의 관심이 설교자에게 집중되어 성경 본문으로부터 멀어질 위험이 있다. 당신과 가족에 대한 이야기를 예화로 사용할 때에는 항상 영웅 역할을 하려 하지 말라. 그런 식으로 예화를 사용하는 목사는 사람들을 그리스도께 인도하는 종이 아니라 순회강연에 나서는 저명인사 같다. 경험상 당신의 아내가 사전에 동의하지 않은 한, 아내를 설교 예화에 넣지 말라고 당부하고 싶다. 마찬가지로 자녀로부터 많은 예화를 얻을 수 있지만 지혜롭게 선택하라. 자녀가 어릴 때에는 별 문제가 없으나, 어느 정도 나이가 든 자녀들의 승리와 약점과 어리석음을 예화로 사용하는 것은 적절하지 않을 수 있다. 그러므로 당신은 그 내용을 신중히 고려해야 한다. 또한 성경의 기사 부분과 자연 그 자체를 간과하지 말라. 매우 통찰력 있는 예화를 거기서도 얻을 수 있다.

셋째, 가장 중요한 것은 예화가 설교의 핵심이 되지 않게 하는 것이다. 예화가 성경 본문을 가려서는 안 된다. 솔직히 어떤 예화는 너무 근사하다. 그것이 사람들의 마음을 너무나 매료시킨 나머지, 설교의 요점이 되어 버린다. 그것은 근사한 연설이지만 좋은 설교는 아니다. 반면에 어떤 예화는 너무 형편없어서 설교를 압도한다. 사람들이 부적절한 예화에 생각을 빼앗겨 그것을 떨쳐버리고 집중하기가 힘들다. 목사는 말씀의 설교자로서 섬긴다. 그런데 교인들이 예배당을 나설 때 들은 예화만 생각할 뿐 성경 본문의 메시지를 기억하지 못한다면, 그 설교는 실패한 것이다.

적용에서도 쉽게 실패할 수 있다. 본문을 적용할 때 다양한 방식으로 접근하라. 때로는 설교 전반에 걸쳐 여러 차례 적용하는 것이 효과적이다. 그런가 하면 몇 가지 적용을 하면서 설교를 마무리하는 것이 나을 때도 있다. 매주 같은 내용이라는 느낌이 들지 않도록 다양하게 적용하라. 그렇게 하지 않으면 당신의 적용은 예측하기 쉬워진다. 개괄적인 적용과 구체적인 적용을 하라. 개괄적인 적용은 듣는 이가 개인적인 의미를 스스로 생각하도록 그에게 책임을 지우는 것이다. 예를 들어 "부모들이여, 우리는 성경의 진리로 자녀를 양육할 책임을 하나님께 받았습니다. 따라서 이 위대한 진리를 자녀에게 가르치는 일을 소홀히 하지 마세요"라고 전했다고 하자. 그러면 그때 당신은 교인들에게 매일의 삶과 본문을 연결시키도록 도와주는 구체적인 적용도 반드시 제시해야 한다. 예를 들면 다음과 같다. "부모들이여, 우리는 하나님께 성경의 진리로 자녀를 양육할 책임을 받았습니다. 그렇게 하는 좋은 방법 중 하나는 가정 예배를 드리는 것입니다. 매일 성경을 읽고 기도하도록 자녀를 인도하세요."

본문 적용 방법을 숙고하면서 다양한 그룹의 사람을 염두에 두라. 모든 죄나 갈등 또는 필요에 대해 매주 말하는 것은 불가능하지만 시간이 흐르면서 당신이 제시한 적용이 모든 사람의 마음 문을 두드려야 한다. 근본적이며 광범위한 적용에 주의하라. 예를 들어 "우리는 하늘의 것에 마음을 두어야 하며, 따라서 땅의 일보다는 하늘에 대해 더 많이 생각하십시오"라는 적용이다. 이 말은 진리를 담고 있지만 구체성이 없다. 이런 적용은 듣는 이들 위에 많은 죄책을 쌓을 수 있다. 당신의 적용이 이런 식으로 빗나가는 경향이 있는지, 더 많은 연륜과 지혜와 경험을 지닌 그리스도인들에게 물어 보라. 무엇보다도 성경 본문에서 얻은 적절한 적용을 제시하라. 목사가 성경 본문을 탁월하게 주해하고, 본문과 맞지 않는(대개 목사 자신이 만든) 적용을 하는 것은 안타까운 일이다.

좋은 설교는 건전한 성경적·신학적 사고로 구성된다. 관련 예화와 도전적인 적용은 좋은 설교를 위대한 설교로 변화시킨다. 신실한 설교자는 이 두 가지를 찾아내는 데 시간을 할애하며, 이로 인해 교인들은 축복을 받을 것이다.

# 43장
# 사람들을 너무 꽉 붙잡음

누구든지 너희를 영접하지도 아니하고 너희 말을 듣지도 아니하거
든 그 집이나 성에서 나가 너희 발의 먼지를 떨어 버리라(마 10:14).

사람들을 떠나보내는 것은 목회의 가장 힘든 측면들 중 하나이
다. 우리가 목사가 된 것은 하나님의 말씀에 사람들을 변화시키는
효력이 있음을 믿었기 때문이다. 또한 우리는 남녀노소를 막론하고
모든 사람에게 가장 필요한 것이 영혼의 구원임을 알고 있다. 그들
이 구원을 얻는 믿음에 이르면, 우리는 그들이 그 빛 안에서 살도록
기도한다. 그런데 어떤 사람이 우리 기대와 달리 말씀과 우리 사역
에 반응하지 않을 때 우리 속이 뒤틀린다.

실망은 여러 가지 형태로 온다. 약물에 중독되어 그것을 떨쳐버
릴 수 없을 듯한 중년의 남자, 우리의 조언에 귀를 기울이지만 변

화를 거부하는 이기적이며 속 좁은 남편, 늘 미소를 지으며 우리에게 인사하지만 일에 대한 모든 도움을 거부하는 노숙자, 집세를 내기 힘들어서 교회에서 주는 돈을 기꺼이 받지만 영적인 지도를 전혀 원하지 않는 여성, 매주 교회에 출석하여 설교에 귀 기울이고 우리를 만나 설교에 대해 논의하기를 좋아하지만 여전히 변하지 않는 불신자 등이다. 이런 사람은 무한정한 것 같다.

그런 상황에서 목사는 이상론에 빠져서 어떤 사람에게 너무 오래 매달리려는 유혹을 받을 수 있다. 물론 사람들을 보살필 때 당신은 인내해야 한다. 모든 사람이 그리스도의 진리로 빨리 혹은 쉽게 나아오는 것은 아니기 때문이다. 하나님은 죄인들에게 집요하게 다가가서 그들을 위해 기꺼이 당신 자신을 쏟아붓도록 당신을 부르신다(빌 2:17). 그러나 때로는 "발의 먼지를 떨어" 버리고(마 10:14), "진주를 돼지 앞에" 던지지 말며(마 7:6), 당신의 관심을 다른 사람들에게 돌려야 한다.

이것을 쉽고 가볍게 결정해서는 안 되지만, 때로는 반드시 필요하다. 어떤 이들은 당신이 허용하는 한, 당신의 시간과 노력을 줄곧 빼앗을 것이다. 이는 다른 사람을 유익하게 할 수 있는, 아까운 시간과 노력이다. 결국 당신은 많은 에너지를 허비하게 된다. "추수할 것은 많되 일꾼이 적으니"(눅 10:2). 200m 정도 떨어진 밭에서 풍성한 수확을 얻을 수 있는데 아무런 수확도 못 얻는 밭에서만 계속 일하는 농부는 시간을 지혜롭게 쓰고 있는 것이 아니다.

모든 부류의 사람을 보살피되, 한 사람에게 너무 매달리지 말라.

어떤 사람들은 떠나보내야 한다. 그 문제를 두고서 기도하고 주님의 평안을 구하며 지혜로운 범위 안에서 인내하라. 하지만 '헛수고'만 하는 것이 분명할 때에는 즉시 행동을 취하라. 이것은 힘들 수 있지만 필수적이며 전혀 불신실한 일이 아니다. 주변의 많은 사람이 영원한 진리를 필요로 한다. "너희 눈을 들어 밭을 보라 희어져 추수하게 되었도다"(요 4:35). 이제 하나님의 영광을 위해 그들에게 더욱 다가가라.

# 44장
# 목사의 시기심

어떤 이들은 투기와 분쟁으로 어떤 이들은 착한 뜻으로 그리스도를 전파하나니(빌 1:15).

오늘날 목사들은 TV, 인터넷, 책, 팟캐스트, 라디오를 통해 교회사의 다른 어떤 시대보다 다른 목사들에 대해 더 많이 알게 된다. 하지만 이것은 종종 부정적인 상황으로 이어진다. 다른 사람들의 사역과 은사로 인해 기뻐하며 하나님께 감사하지 않고, 질투와 교만과 시기심에 사로잡히는 것이다. "투기와 분쟁으로"(빌 1:15) 그리스도를 전하는 사람들보다 더 주님의 마음을 아프게 하는 것은 거의 없다. 따라서 당신은 이런 마음을 계속 경계해야 한다. 영혼을 죽이고 목회의 기쁨과 열매와 목표를 빼앗는 것은 다른 그 무엇보다 시기심이다.

당신이 이 대적을 물리치기 위해서는 마음의 훈련이 필요하다. 먼저 감사하는 마음을 추구하라. 왜냐하면 감사는 시기를 물리치는 위대한 정복자이기 때문이다. 당신이 누리는 축복을 자주 상기하라. 비록 완벽하지는 않지만, 당신이 섬기는 회중은 그 모든 것을 뛰어넘는다. 그들에게 설교하는 특권은 당신이 세상에서 받을 수 있는 가장 큰 칭찬을 능가하는 영예이다. 당신 앞에 놓인 기회는 분명 당신의 자연적인 능력을 넘어선 것이다. 당신은 아무것도 받을 자격이 없고 하나님이 모든 것을 자비로 베푸셨음을 기억하라. 감사가 당신의 지속적인 동반자여야 한다.

시기나 질투가 마음속에 들어오면 속히 회개하라. 당신이 시기하는 사람이 하나님께 받은 은사나 사역에 대해 하나님께 기도하며 감사하라. 다른 목사들과 그들의 성공을 위해 기도하는 것은 그들이 지니거나 행하는 것을 탐내지 않고 도리어 그들로 인해 기뻐할 수 있는 마음의 기반이 된다.

당신은 주님이 원하시는 곳에서 섬기고 있으며 그것으로 충분함을 스스로 자주 상기하라. 하나님이 당신을 몇 명 되지 않는 사람들을 돌보도록 부르셨는가? 사실 당신을 평생 바쁘게 만들 일은 많다. 당신의 사역이 규모가 작다고 생각해도 "적은 일에 충성"하라(마 25:21). 그것이 당신의 의무이며 책임이다. 또한 당신은 그것을 기뻐해야 한다.

목사의 시기심은 끝이 없고 결국 파멸로 향하게 할 뿐이다. 예를 들어 작은 시골 교회의 목사가 자신이 바라던 큰 도시 교회를 맡게 되면, 다음에 그는 더 큰 교회의 목사를 부러움의 대상으로 삼게 된다. 그래서 그가 더 큰 도시 교회에서 목회하면, 그는 매주 라디오 설교 방송을 맡은 목사를 부러워할 것이다. 마침내 그가 장로들을 설득해서 자신의 설교를 방송으로 내보내면 그는 다시 베스트셀러 작가 목사를 부러워하고, 이어서 그가 작가가 되면 그는 또다시 신학교 교수를 부러워하고, 또 그가 교수가 되면 신학교 학장을 부러워하게 될 것이다.

시기심은 결코 채워지지 않는다. 그것은 계속해서 자아를 그리스도의 자리에 두는 치명적인 욕구이다. 그리스도의 이름에 합당한 영광을 그리스도께 돌리는 것이 당신이 바라는 목표여야 한다. 그것을 알기 전에 목회는 그저 다른 목적을 위한 수단일 뿐이다. 다른 목적이란 우리의 영원한 영광을 묵살하고 지상의 영광을 추구하는 것이다. 시기심이 아직 작을 때 그것을 죽이라. 시기심이 자라도록 허용하면, 그것은 모든 것을 삼키는 괴물이 될 것이다. 목사의 마음과 영혼과 생각 속에 결코 시기심이 자리잡아서는 안 된다. 하나님의 영광을 목표로 삼고, 당신의 승리가 아니더라도 도처에서 이루어지는 하나님 나라의 승리를 기뻐하라.

# 5부
# 목회의 기쁨

# 45장
# 영원한 일

이를 위하여 나도 내 속에서 능력으로 역사하시는 이의 역사를 따라 힘을 다하여 수고하노라(골 1:29).

이 세상에서 목회에 비할 만큼 가치 있는 일은 없다. 나는 지금 공장 일꾼이나 경찰이나 의사를 폄하하는 것이 아니다. 차를 만들고 질서를 유지하고 육체적 질병을 치료하는 것을 열등하거나 대수롭지 않은 일로 무시해서는 안 된다. 모든 일은 중요하다. 하지만 목사는 어둠만 있는 곳에 빛을 비추는, 매우 중요한 일이다. 하나님의 은혜로 당신은 설교와 목회를 통해 죽음이 있는 곳에 생명을 낳는다. 목사가 밤낮으로 하는 이 일은 영원한 결과를 낳는다. 분명 이러한 일은 이 세상에 거의 없다.

나는 매일 내 앞에 놓인 목회 사역을 하기 전에 두 가지를 상기하려 한다. 첫째, 나는 하나님의 백성들이 낸 십일조 헌금으로 일한다. 따라서 나는 그들의 헌상을 존중하기 위해 노력해야 한다. 둘째, 나는 매일 전투에 임한다. "내가 교회의 일꾼 된 것은 하나님이 너희를 위하여 내게 주신 직분을 따라 하나님의 말씀을 이루려 함이라. 이 비밀은 만세와 만대로부터 감추어졌던 것인데 이제는 그의 성도들에게 나타났고"(골 1:25-26). 이것이 바로 나의 임무이다. 직업상 나는 매일 거룩한 전쟁에 참여한다. 목회에서는 단 하루도 하찮은 날이 없으며 습관적으로 하는 태도는 허용되지 않는다.

바울의 글에서 그러한 결심을 감지할 수 있다. "우리가 그를 전파하여 각 사람을 권하고 모든 지혜로 각 사람을 가르침은 각 사람을 그리스도 안에서 완전한 자로 세우려 함이니 이를 위하여 나도 내 속에서 능력으로 역사하시는 이의 역사를 따라 힘을 다하여 수고하노라"(골 1:28-29). 바울은 하나님의 은혜의 능력으로 복음 사역을 위해 기진할 정도로 힘을 다했다. 그 이유는 무엇일까? 하나님의 부르심이 그에게 철저한 헌신을 요구했기 때문이다. 영원한 파멸로부터 구원받은 생명들, 죄로부터 돌이키고 그리스도의 형상을 닮아 가는 사람들을 보는데, 일시적이며 가벼운 곤경들이 무슨 대수이겠는가? 온 세상에 이보다 더 큰 영예는 없다. 왕이나 황제나 대통령의 직무도 목사의 소명에 비할 바는 아니다. 그들의 보좌와 왕국과 나라들은 영속적이지 않지만, 목사가 섬기는 나라와 그 보좌는 영원하다. 이제 당신이 복음 사역자로서 누리는 영예와 특권을 매일 상기하자. 그것은 그 무엇과도 비교할 수 없다. 사역을 하다 보면 힘들고

도저히 견딜 수 없을 것 같은 날도 있다. 그럼에도 당신은 매일 밤 잠자리에 들면서 연약한 자신을 영원한 하나님 나라의 전선에서 일하게 해 주신 하나님께 감사해야 한다. 이 얼마나 큰 기쁨이며 특권인가!

# 46장
# 사적인 일도 털어놓는 신뢰받는 위치

—

아히도벨은 왕의 모사가 되었고 아렉 사람 후새는 왕의 벗이 되었고(대상 27:33).

어느 주일 저녁 예배 후에 한 부부가 내게 와서 개인적인 이야기를 나눌 수 있는지를 물었다. 나는 기꺼이 그러길 원했다. 아이들을 조용히 앉아 기다리게 하고서 그 부부와 함께 몇 걸음 걸었다. 그런데 이상했다. 며칠 전에 남편이 내 서재에 잠시 들러서 아내가 둘째 아이를 임신했다고 말해 주었는데, 그 저녁에 그들은 풀이 죽은 표정을 하고 눈에는 눈물이 가득 고여 있었다. 무엇인가 잘못된 것이 분명했다. 마침내 남편이 입을 열었고 무슨 일인지 알게 되었다. 그날 그들의 아이가 유산된 것이었다. 며칠 전만 해도 나는 그들의 임신 사실을 아는 극소수에 속하는 특권을 누렸는데, 그 밤에는 그 부부와 함께 손을 잡고 그들의 고통과 슬픔을 나누며 기도했다.

목사의 삶에서 이런 일은 특이한 것이 아니다. 이런 순간은 계속 찾아온다. 그렇다고 이 부부의 삶에서 이 순간이 중요하지 않다는 것이 아니다. 정반대이다. 우리가 대화하며 기도하는 중에 내 눈에도 눈물이 가득 맺혔다. 매일은 아니라도 매주 목사는 자신이 보살피는 사람들의 은밀하고 개인적인 경험 속으로 들어가는 특권을 얻는다. 그들은 좋은 일이든, 힘든 일이든, 목사에게 조언을 구한다. 이것이 목사가 지닌 소명의 일부이다. 이것은 높은 영예이며 깊은 신뢰를 받는 일이다.

이 사실을 생각할 때 나는 역대상에 나오는 아히도벨과 후새가 떠오른다. 역대기 내용에 따르면 그들은 다윗 왕 시대에 특출한 자리를 유지했다. 그들의 이름이 역사에 새겨진 것은 그들이 다윗의 핵심 측근이었기 때문이다. 한 사람은 모사로서 다윗을 지원했고 다른 한 사람은 벗으로 도왔다. 수천 년 동안 하나님의 백성들이 그들을 안 것은, 그들이 이 불후의 인물의 삶에서 중요한 인물로서 섬겼기 때문이다.

왕의 모사나 벗이 되는 것보다 더 큰 영예는 거의 없다. 그런데 하나님은 목사인 당신에게 왕의 모사와 벗이 되는 특권과 엄청난 신뢰를 베푸신다. 당신이 섬기는 사람들은 하나님의 자녀이다. 그들은 하나님의 상속자, 곧 그리스도와 함께하는 공동 상속자이다(롬 8:17). 그런 그들이 언제든 격려와 조언과 기도와 참회와 권면을 부탁하기 위해 당신을 찾아온다.

목사는 이 기회를 언제나 놀라운 특권으로 여겨야 한다. 교인이 당신의 집무실 문을 두드리거나 전화를 하거나 주일 아침에 따로 대화하기를 원할 때, 목사는 하나님 나라의 왕자와 공주들의 생각과 고투와 기쁨과 유혹이라는 내적인 성소로 들어가는 특권을 누린다. 신실한 목사라면 이 임무를 겸손과 놀라움으로 받아들일 것이다. 만일 우리도 하나님의 자녀로서 그분 안에 거하고 있고 그분 안에는 "지혜와 지식의 모든 보화가 감추어져"(골 2:3) 있다는 사실이 없다면, 당신은 앞에 놓인 임무에 대한 두려움에 사로잡힐 것이다. 하지만 하나님이 이 사역으로 당신을 부르셨고 보혜사로 함께하시며(요 14:16) 친구가(눅 7:34) 되어 주겠다고 약속하셨기 때문에, 당신은 이 경건한 임무를 기쁨으로 감당할 수 있다(히 13:17). 보라. 하나님이 당신에게 베푸신 특권이 얼마나 놀라운가!

# 47장
# 이 일은 보수를 받는가

**목회의 특권**

—

그런즉 내 상이 무엇이냐 내가 복음을 전할 때에 값없이 전하고 복음으로 말미암아 내게 있는 권리를 다 쓰지 아니하는 이것이로다 (고전 9:18).

나는 최근에 한 친구와 함께 교회사에 대해 토론하면서 점심을 먹었다. 대화의 주제는 초대교회와 중세 시대의 수도원 운동에 대한 것으로 전환되었고, 친구는 그 운동에 대해 조롱조로 말했다. "매일 맥주를 만들고 빵을 굽고 시편을 노래하고 기도하며 성경을 읽으면서 시간을 보낸다고? 좋아하지 않을 수 없겠네." 마찬가지로 이렇게 말할 수 있다. "복음 사역인데 좋아하지 않을 수 있나?" 하지만 나는 그 일이 어려울 수 있고 때로는 압박과 실망이 쌓인다는 것을 알고 있다. 그럼에도 날마다 복음 사역을 하는 것은 목사가 지닌 특권이다. 당신은 이 놀라운 진실이 마음과 생각 속에서 결코 희미해지지 않게 해야 한다.

고린도전서 9장에서 사도 바울은 자신이 교회에 보수를 요구할 권리가 있다고 분명히 말한다. 하지만 끝부분에서 그는 오히려 그런 것을 요구하지 않고 복음을 전할 기회 자체가 자신의 큰 갈망을 실현시킨다고 말한다. 설교 자체가 목사의 보수이다! 목사가 수고에 대해 임금을 받는 것은 전혀 잘못이 아니다. 바울은 고린도전서 9장 14절에서 그 점을 밝힌다. 그리고 디모데에게 일꾼이 삯을 받는 것이 마땅하다고 말한다(딤전 5:18). 결국 보수를 기대하거나 구하는 것이 문제가 아니라 복음 사역 자체가 보수라는 중요한 사실을 간과하는 것이 문제이다. 하나님은 이 세상의 위대한 선물 중 하나를 당신에게 주셨다. 하위 목자로서 그리스도와 그분의 교회를 섬기도록 당신을 목사로 부르신 것이다.

복음 사역보다 더 고상하며 영광스러운 임무가 있는가? 당신은 성경을 공부하고, 잃어버린 자들을 위해 기도하고, 상심한 자들을 보살피고, 회개하지 않는 자들에게 회개를 촉구하며, 매주 하나님의 진리를 설교하는 데 헌신하는 즐거움을 누릴 수 있다. 과연 이보다 나은 소명을 지닌 사람은 누구인가? 아무도 없다.

하지만 목사가 그 소명을 상투적이거나 짐스럽거나 수고스러운 것으로 여길 수 있다. 만일 당신이 이런 상태라면 당장 기도로 주님께 달려가라. 멈추지 말고 달려나가라! 그리고 여러 주에 걸쳐 이러한 죄와 문제점을 고백해도 당신의 심령과 목회 열정이 회복되지 않는다면, 용기를 내어 장로들에게 얼마간 휴식을 부탁하라. 그렇게 하는 것은 당신이 이미 이룬 것에 의존하기 위함이 아니며, 합의된 시간 동안 홀로 주님과 함께하며 주님의 백성과 목회를 위한 사랑과 열정을 소생시켜주시길 주님께 간구하기 위함이다. 대부분의 목사는 이런 문제점을 느끼는 시기를 경험한다. 사실 이런 경험이 통상적이긴 하지만 환영할 만한 것은 아니다. 그러나 당신은 이 문제에 대항해야 한다. 그때 하나님의 은혜로 이 거룩한 부르심을 받은 것을 다시금 기뻐하게 될 것이다. 히브리서 기자는 교회의 리더들을 다음과 같이 독려한다. "그들로 하여금 즐거움으로 이것을 하게 하고 근심으로 하게 하지 말라 그렇지 않으면 너희에게 유익이 없느니라"(히 13:17).

세상에는 많은 직업이 존재하지만 특권과 영예라는 면에서 목사직을 능가하는 것은 없다. 우리가 얻는 축복은 우리의 수고를 능가한다. 게다가 우리 중 많은 이들은 노력에 대한 보수마저 받는다. 그러므로 목사의 일상은 즐거운 감사로 가득해야 한다.

# 48장
# 자기 이해
### 자신의 죄와 자신을 알게 됨

—

형제들아 나는 아직 내가 잡은 줄로 여기지 아니하고 오직 한 일
즉 뒤에 있는 것은 잊어버리고 앞에 있는 것을 잡으려고 푯대를 향
하여 그리스도 예수 안에서 하나님이 위에서 부르신 부름의 상을
위하여 달려가노라 그러므로 누구든지 우리 온전히 이룬 자들은
이렇게 생각할지니 만일 어떤 일에 너희가 달리 생각하면 하나님
이 이것도 너희에게 나타내시리라 오직 우리가 어디까지 이르렀든
지 그대로 행할 것이라(빌 3:13-16).

청교도들은 다른 사람들에 대한 목회 사역을 모색하기 전에 먼저
하나님과 자신에 대해 배워야 한다고 주장했다. 이것은 좋은 원칙
이다. 대부분의 목사는 하나님에 대한 지식을 추구할 필요는 알면
서 자신을 알 필요도 있다는 사실을 습관적으로 잊는다. 다음과 같

은 말이 있다. '만일 당신이 목회에 힘쓰면 자신에 대한 분명하고도 깊은 지식을 얻을 것이다. 그 지식은 자연스럽게 습득되며 복음 사역에 따른 큰 축복 중 하나이다.'

다른 사람들이 당신의 힘과 열정과 은사를 인식하며 감사를 표할 때 당신도 그것을 깨닫게 될 것이다. 당신은 하나님의 은혜로 당신의 권면과 조언을 통해 사람들이 감동받고 그들의 삶이 변하며, 잃어버린 자들에게 다가가려는 당신의 열정의 불이 교회에 옮겨 붙는 것도 볼 것이다. 그러나 당신의 힘의 근원을 알게 될 때 당신은 겸손히 교인들을 격려하며 경건한 감사의 마음을 갖게 될 것이다.

동시에 당신은 당신의 약점과 깊은 죄악을 이해하게 될 것이다. 당신이 말씀을 공부하고 무릎 꿇고 통성 기도를 하며 주변 사람들을 보살피는 중에 당신의 죄가 드러날 것이다. 성경과 영적인 일들을 계속 접하면서 심령이 끊임없이 자기 점검을 하기 때문이다. 다른 사람들은 이런 유익을 누리기 힘들다.

또한 당신은 당신이 섬기는 사람들이라는 렌즈를 통해 자신을 더 분명하게 보게 될 것이다. 나와 아내는 아이들의 삶 속에서 우리의 죄악을 본다는 말을 자주 한다. 아이들은 우리의 죄악을 자석처럼 끌어당기며 거울처럼 그것을 반영한다. 목사는 이 사실을 백 배, 천 배더 고려해야 한다. 왜냐하면 회중도 그들의 목사를 반영하는 경향이 있기 때문이다. 당신은 회중 속에서 당신의 연약함이 드러나는 것을 볼 것이다. 또한 당신이 붙들려 있는 죄악이 주변 사람들을 향한 사역에 영향을 미칠 것이다. 이것은 사역의 두려운 현실 중 하나로, 다른 면에서는 큰 격려와 축복으로도 작용한다. 당신이 당신의 죄악과 대면하면서 회개하며 주님의 은혜를 구할 기회를 얻기 때문이다. 궁극적으로 당신은 주님을 더욱 닮아갈 기회를 얻는 것이다.

또한 당신은 어둠의 세력과 빛의 세력 간에 진행되는 거대한 영적 전쟁의 최전선에서 섬기면서 자신을 더 잘 이해하게 될 것이다. 목사로서 당신은 이 싸움에 지속적으로 관여할 것이다. 하나님의 백성들이 모두 끊임없는 영적 전투를 벌이지만, 당신의 소명은 이 전투를 훨씬 더 강렬한 실재이게 한다. 당신의 대적은 당신의 죄와 실패와 부패성이 하나님의 백성들에게 어떤 영향을 미칠 수 있는지를 잘 알고 있다. 미국독립혁명 때 식민지 병사들은 종종 영국의 장교들을 겨냥했다. 장교를 죽이면 그의 통솔을 받는 군대가 혼란과 사기 저하로 흔들리고 심지어 패배할 수 있음을 알고 있기 때문이었다. 당신의 대적도 이 사실을 알고 있다. 당신이 최전선의 리더로 섬기므로, 대적은 종종 당신을 겨냥한다. 반면 주님은 당신이 거룩해지고 당신의 보살핌을 받는 사람들에게 긍정적인 영향을 줄 수 있도록 당신을 다듬고자 하신다. 그리고 당신은 이러한 압박으로 인해 자신의 내면 상태를 부단히 들여다보게 된다.

당신은 장래 당신의 모습이 아직 나타나지 않았기 때문에(요일 3:2) 낙담할 수 있다. 하지만 그런 자기 이해는 그리스도 안에서 성장하며 점점 더 그분의 형상을 닮아갈 수 있는 기회를 조성한다. 그 축복은 영원한 것이다.

# 목회에서의 인내

—

바로 이 시각까지 우리가 주리고 목마르며 헐벗고 매맞으며 정처
가 없고 또 수고하여 친히 손으로 일을 하며 모욕을 당한즉 축복하
고 박해를 받은즉 참고 비방을 받은즉 권면하니 우리가 지금까지
세상의 더러운 것과 만물의 찌꺼기 같이 되었도다(고전 4:11-13).

목회 관련 통계는 고무적이지 않다. '프란시스 쉐퍼 교회 리더십 개
발 연구소'(The Francis Schaeffer Institute of Church Leadership Development)
의 보고에 따르면, 목회자들 중 35-40%가 5년이 채 되지 않아 목
회를 중단한다고 한다. 게다가 목회를 시작한 사람들 중 60-80%가
10년 후에 목회를 지속하지 않는다는 사실을 보여 주는 통계자료도
많다.[1] 이 통계의 정확성 여부를 떠나, 목회가 인내하기 힘든 일임
은 분명하다.

의견 대립, 낙담, 극심한 피로, 세상의 염려, 외로움, 도덕적 실패 등의 문제와 도전은 계속해서 목사들을 괴롭힌다. 그런 현실 속에서 이 책에 상세히 수록된 여러 가지 실천사항과 제안은 그런 고투에 대처하는 데 도움이 될 것이다.

마지막으로 나는 무엇보다도 인내할 것을 독려하길 원한다. 이번 주에 다른 도시에서 사역하는 한 목사와 통화했다. 현재 그는 분쟁에 시달리는 교회에서 사역하고 있으며 지난 몇 주 동안 거짓된 주장으로 공격당하는 등 큰 시험을 겪었다. 또한 그의 이름과 명성이 심각한 타격을 받았다. 근거 없는 소문들이 교회는 물론이고 교단 내 여기저기로 확산되었다. 심지어 교회에서는 그가 교인들 옆을 지나가도 아무도 그에게 말을 건네지 않는다. 주님이 개입하시지 않는 한, 분명 그는 그 교회의 목회를 그만두어야 하는 상황이다. 하지만 그와 그의 가족은 교회를 깊이 사랑한다. 그는 통화하면서 목회를 그만두려는 생각을 피력했다. 소명감이 없어서가 아니라 너무 지치고 고통스럽기 때문이었다. 이처럼 목회는 많은 것을 견뎌야 하는 힘든 일이기도 하다.

목회의 어려움 때문에 소명을 포기하는 목회자가 너무나 많다. 그러나 내가 그에게 말했듯이, 목사가 심한 상처를 입으면 위대한 의사이신 주님이 치료해 주신다. 주님이 당신을 목회자로 부르셨다.

---

**1.** Richard J. Krejcir, "Statistics on Pastors: What Is Going On with the Pastors in America?", 2007, http://www.churchleadership.org/apps/articles/default.asp?articleid=42347&columnid=4545.

그러므로 이 옷을 너무 쉽게 벗어던져서는 안 된다. 때로는 어쩔 수 없이 중단해야 하는 상황도 있다. 예를 들어 탈진 상태나 심각한 가정 문제 또는 특정한 죄악으로 인해 목사의 소명을 접어야 할 때다. 혹은 비정상적인 방법으로 목사 안수를 받았을 경우에도 목사직을 떠나는 것이 합당하다. 하지만 내 짐작으로는 때가 이르기 전에 목회를 그만두는 사람이 훨씬 더 많다.

인내하며 당신의 소명을 기억하라. 또한 섭리의 주님이 당신의 삶의 모든 순간을 주관하시며, 교회의 주님으로서 교회를 다스리심을 기억하라. 그분이 당신을 부르셨다. 당신이 목회 중에 인내하며 노력하다가 낙심하는 것은 돌발 사고가 아니다. 그 일은 더욱 고난 당하신 구주를 본받고 경건해지도록 당신에게 동기를 부여한다. 궁극적으로 목사의 고투는 교회에 유익하게 작용한다.

당신에게 닥치는 어려움 중 다수는 확실히 대적의 간계에서 비롯된 것이다. 그러므로 당신은 그의 공격에 넘어가 직분을 포기해서는 안 된다. 당신은 하나님의 영광과 그분의 교회의 유익을 위해 인내하며 기꺼이 고난을 받아들이고 목회 소명을 기쁜 마음으로 실현해야 한다. 대부분의 목사는 목사직을 평생의 소명으로 받아들인다. 비록 중단하고 싶은 유혹이 강할 때도 있지만 너무 쉽게 포기하지 말라. 하나님이 당신을 부르신 직분은 은혜를 드러내며, 거룩을 산출하고, 영혼과 관련되며, 진리를 말하고, 의를 추구하고, 위로를 제공하고, 사랑을 베풀고, 믿음을 세우고, 기쁨으로 가득한, 거룩한 직분이다. 그러므로 더욱더 인내하라.

# 추천 도서

—

**목회에 대하여**

Bonar, Horatius. *Words to Winners of Souls*. Phillipsburg, NJ: P&R, 1995. 호라티우스 보나,《영혼을 인도하는 이들에게 주는 글》(생명의말씀사 역간).

Bridges, Charles. *The Christian Ministry: With an Inquiry into the Causes of Its Inefficiency*. 1829. Reprint, Edinburgh: Banner of Truth, 2001. 찰스 브리지스,《참된 목회》(익투스 역간)

Clowney, Edmund. *Called to the Ministry*. Phillipsburg, NJ: P&R, 1964. 에드문드 클로네이,《목회소명》(생명의말씀사 역간)

Piper, John. *Brothers, We Are Not Professionals: A Plea to Pastors for Radical Ministry*. Exp. ed. Nashville: B&H Books, 2013. 존 파이퍼,《형제들이여, 우리는 전문직업인이 아닙니다》(좋은씨앗 역간).

Still, William. *The Work of the Pastor*. Geanies House, UK: Christian Focus, 2001. 윌리엄 스틸,《목사의 길》(복있는사람 역간).

Tripp, Paul David. *Dangerous Calling: Confronting the Unique Challenges of Pastoral Ministry*. Wheaton: Crossway, 2012. 폴 트립,《목회, 위험한 소명》(생명의말씀사 역간).

Witmer, Timothy Z. *The Shepherd Leader: Achieving Effective Shepherding in Your Church*. Phillipsburg, NJ: P&R, 2010. 티모시 Z. 위트머《목자 리더십》(개혁주의신학사 역간).

**설교에 대하여**

Davis, Dale Ralph. *The Word Became Fresh: How to Preach from Old Testament Narrative Texts*. Reprint, Geanies House, UK: Christian

Focus, 2007.

Ellsworth, Wilbur. *The Power of Speaking God's Word: How to Preach Memorable Sermons*. Geanies House, UK: Christian Focus, 2000.

Goldsworthy, Graeme. *Preaching the Whole Bible as Christian Scripture: The Application of Biblical Theology to Expository Preaching*. Grand Rapids: Eerdmans, 2000. 그레엄 골즈워디《성경신학적 설교 어떻게 할 것인가》(한국성서유니온선교회 역간).

Helm, David R. *Expositional Preaching: How We Speak God's Word Today*. Wheaton: Crossway, 2014. 데이비드 헬름,《강해 설교》(부흥과개혁사 역간).

Lloyd-Jones, D. Martyn. *Preaching and Preachers*. 40th anniv. ed. Grand Rapids: Zondervan, 2011. 마틴 로이드 존스,《설교와 설교자》(복있는사람 역간).

Miller, Calvin. *Preaching: The Art of Narrative Exposition*. Grand Rapids: Baker Books, 2006. 캘빈 밀러,《설교: 내러티브 강해의 기술》(베다니출판사 역간).

Piper, John. *The Supremacy of God in Preaching*. Rev. ed. Grand Rapids: Baker Books, 2004. 존 파이퍼,《하나님을 설교하라》(복있는사람 역간).

Plantinga, Cornelius, Jr. *Reading for Preaching: The Preacher in Conversation with Storytellers, Biographers, Poets, and Journalists*. Grand Rapids: Eerdmans, 2013. 코넬리우스 플랜팅가 Jr.,《설교자의 서재》(복있는사람 역간).

## 리더십에 대하여

Carson, D. A. *The Cross and Christian Ministry: Leadership Lessons from 1 Corinthians*. Grand Rapids: Baker Books, 2004.

Mohler, Albert. *The Conviction to Lead: 25 Principles for Leadership That Matters*. Minneapolis: Bethany House, 2012. 앨버트 몰러,《확신의 리더》(요단출판사 역간).

Sanders, J. Oswald. *Spiritual Leadership: A Commitment to Excellence for Every Believer*. New ed. Chicago: Moody, 2007. 오스왈드 샌더스,《영적 지도력》(요단출판사 역간).

## 상담에 대하여

Emlet, Michael. *Cross Talk: Where Life and Scripture Meet*. Greensboro, NC: New Growth Press, 2009.

Powlison, David. *Seeing with New Eyes: Counseling and the Human Condition through the Lens of Scripture*. Phillipsburg, NJ: P&R, 2003. 데이빗 포울리슨,《성경적 관점으로 본 상담과 사람》(그리심 역간).

─── *Speaking Truth in Love: Counsel in Community*. Winston-Salem, NC: Punch Press, 2005.

Tripp, Paul David. *Instruments in the Redeemer's Hands: People in Need of Change Helping People in Need of Change*. Phillipsburg, NJ: P&R, 2002.

Welch, Edward T. *When People Are Big and God Is Small: Overcoming Peer Pressure, Codependency, and the Fear of Man*. Phillipsburg, NJ: P&R, 1997. 에드워드 T. 웰치,《큰 사람, 작은 하나님》(개혁주의신학사 역간).

## 다른 유용한 자료들

Carson, D. A. *Praying with Paul: A Call to Spiritual Reformation: Priorities from Paul and His Prayers*. 2nd ed. Grand Rapids: Baker Academic, 2015. Originally published in 1992 as *A Call to Spiritual Reformation: Priorities from Paul and His Prayers*. D. A. 카슨,《바울의 기도》(복있는사람 역간).

─── *Memoirs of an Ordinary Pastor*. Wheaton: Crossway, 2008.

DeYoung, Kevin, and Greg Gilbert. *What Is the Mission of the Church? Making Sense of Social Justice, Shalom, and the Great Commission*.

Wheaton: Crossway, 2011.

Lewis, Arthur T., and Henry M. Robert. *Robert's Rules Simplified*. Mineola, NY: Dover, 2006.

Marshall, Colin, and Tony Payne. *The Trellis and the Vine: The Ministry Mind-Shift That Changes Everything*. Kingsford, AU: Matthias Media, 2009.

Schultze, Quentin. *An Essential Guide to Public Speaking: Serving Your Audience with Faith, Skill, and Virtue*. Grand Rapids: Baker Books, 2006.

Strauch, Alexander. *Biblical Eldership: An Urgent Call to Restore Biblical Church Leadership*. Rev. and exp. ed. Colorado Springs: Lewis and Roth, 2003. 알렉산더 스트라우치,《성서에 나타난 장로상》(쿰란출판사 역간).

Thomas, Derek. *The Essential Commentaries for a Preacher's Library*. Rev. ed. Jackson, MS: First Pres Press, 2006.

## 개혁된 실천 시리즈 ─────

### 1. 조엘 비키의 교회에서의 가정
**설교 듣기와 기도 모임의 개혁된 실천**
조엘 비키 지음 | 유정희 옮김

이 책은 가정생활의 두 가지 중요한 영역에 대한 실제적 지침을 포함하고 있다. 첫째, 공예배를 위해 가족들을 어떻게 준비시켜야 하는지, 설교 말씀을 어떻게 받아야 하는지, 그 말씀을 어떻게 실천해야 하는지 설명한다. 둘째, 기도 모임이 교회의 부흥과 얼마나 관련이 깊은지 역사적으로 고찰하면서, 기도 모임의 성경적 근거를 제시하고, 그 목적을 설명하며, 나아가 바람직한 실행 방법을 설명한다.

### 2. 존 오웬의 그리스도인의 교제 의무
**그리스도인의 교제의 개혁된 실천**
존 오웬 지음 | 김태곤 옮김

이 책은 그리스도인 상호 간의 교제에 대해 청교도 신학자이자 목회자였던 존 오웬이 저술한 매우 실천적인 책으로서, 이 책에서 우리는 청교도들이 그리스도인의 교제를 얼마나 중시했는지 엿볼 수 있다. 이 책은 그리스도인의 교제에 대한 핵심 원칙들을 담고 있다. 교회 안의 그룹 성경공부에 적합하도록 각 장 뒤에는 토의할 문제들이 부가되어 있다.

### 3. 개혁교회의 가정 심방
**가정 심방의 개혁된 실천**
피터 데 용 지음 | 조계광 옮김

목양은 각 멤버의 영적 상태를 개별적으로 확인하고 권면하고 돌보는 일을 포함한다. 이를 위해 교회는 역사적으로 가정 심방을 실시하였다. 이 책은 외국 개혁교회에서 꽃피웠던 가정 심방의 실제 모습을 보여주며, 한국 교회 안에서 행해지는 가정 심방의 개선점을 시사

해준다.

### 4. 네덜란드 개혁교회의 자녀양육
**자녀양육의 개혁된 실천**
야코부스 꿀만 지음 | 유정희 옮김

이 책에서 우리는 17세기 네덜란드 개혁교회 배경에서 나온 자녀양육법을 살펴볼 수 있다. 경건한 17세기 목사인 야코부스 꿀만은 자녀양육과 관련된 당시의 지혜를 한데 모아서 구체적인 282개 지침으로 꾸며 놓았다. 부모들이 이 지침들을 읽고 실천하면 큰 도움을 받을 수 있게 하였다. 의도는 선하더라도 방법을 모르면 결과를 낼 수 없다. 우리 그리스도인 부모들은 구체적인 자녀양육 방법을 배우고 실천해야 한다.

### 5. 신규 목회자 핸드북
제이슨 헬로포울로스 지음 | 리곤 던컨 서문 | 김태곤 옮김

이 책은 새로 목회자가 된 사람을 향한 주옥같은 48가지 조언을 담고 있다. 리곤 던컨, 케빈 드영, 앨버트 몰러, 알리스테어 베그, 팀 챌리스 등이 이 책에 대해 극찬하였다. 이 책은 읽기 쉽고 매우 실천적이며 유익하다.

### 6. 신약 시대 신자가 왜 금식을 해야 하는가
**금식의 개혁된 실천**
대니얼 R. 하이드 지음 | 김태곤 옮김

금식은 과거 구약 시대에 국한된, 우리와 상관없는 실천사항인가? 신약 시대 신자가 정기적인 금식을 의무적으로 행해야 하는가? 자유롭게 금식할 수 있는가? 금식의 목적은 무엇인가? 이 책은 이런 여러 질문에 답하면서, 이 복된 실천사항을 성경대로 회복할 것을 촉구한다.

## 7. 개혁교회 공예배
**공예배의 개혁된 실천**
대니얼 R. 하이드 지음 | 이선숙 옮김

많은 신자들이 평생 수백 번, 수천 번의 공예배를 드리지만 정작 예배에 대해서 제대로 이해하지 못하는 경우가 많다. 당신은 예배가 왜 지금과 같은 구조와 순서로 되어 있는지 이해하고 예배하는가? 신앙고백은 왜 하는지, 목회자가 왜 대표로 기도하는지, 말씀은 왜 읽는지, 축도는 왜 하는지 이해하고 참여하는가? 이 책은 분량은 많지 않지만 공예배의 핵심 사항들에 대하여 알기 쉽게 알려준다.

## 8. 아이들이 공예배에 참석해야 하는가
**아이들의 예배 참석의 개혁된 실천**
대니얼 R. 하이드 지음 | 유정희 옮김

아이들만의 예배가 성경적인가? 아니면 아이들도 어른들의 공예배에 참석해야 하는가? 성경은 이에 대해 무엇을 말하는가? 아이들의 공예배 참석은 어떤 유익이 있으며 실천적인 면에서 주의할 점은 무엇인가? 이 책은 아이들의 공예배 참석 문제에 대해 성경을 토대로 돌아보게 한다.

## 9. 마음을 위한 하나님의 전투 계획
**청교도가 실천한 성경적 묵상**
데이비드 색스톤 지음 | 조엘 비키 서문 | 조계광 옮김

묵상하지 않으면 경건한 삶을 살 수 없다. 우리 시대에 일어나고 있는 일이 바로 이것이다. 오늘날은 명상에 대한 반감으로 묵상조차 거부한다. 그러면 무엇이 잘못된 명상이고 무엇이 성경적 묵상인가? 저자는 방대한 청교도 문헌을 조사하여 청교도들이 실천한 묵상을 정리하여 제시하면서, 성경적 묵상이란 무엇이고, 왜 묵상을 해야 하며, 어떻게 구체적으로 묵상을 실천하는지 알려준다. 우리는 다시금 이 필수적인 실천사항으로 돌아가야 한다.

## 10. 장로와 그의 사역
**장로 직분의 개혁된 실천**
데이비드 딕슨 지음 | 김태곤 옮김

장로는 무슨 일을 하는 사람인가? 스코틀랜드 개혁교회 장로에게서 장로의 일에 대한 조언을 듣자. 이 책은 장로의 사역에 대한 지침서인 동시에 남을 섬기는 삶의 모델을 보여주는 책이다. 이 책 안에는 비단 장로뿐만 아니라 모든 그리스도인이 본받아야 할, 섬기는 삶의 아름다운 모델이 담겨 있다. 이 책은 따뜻하고 영감을 주는 책이다.

## 11. 북미 개혁교단의 교회개척 매뉴얼
**URCNA 교단의 공식 문서를 통해 배우는 교회개척 원리와 실천**

이 책은 북미연합개혁교회(URCNA)라는 개혁교단의 교회개척 매뉴얼로서, 교회개척의 첫걸음부터 그 마지막 단계까지 성경의 원리에 입각한 교회개척 방법을 가르쳐준다. 모든 신자는 함께 교회를 개척하여 그리스도의 나라를 확장해야 한다.

## 12. 예배의 날
**제4계명의 개혁된 실천**
라이언 맥그로우 지음 | 조계광 옮김

제4계명은 십계명 중 하나로서 삶의 골간을 이루는 중요한 계명이다. 하나님의 뜻을 따르는 우리는 이를 모호하게 이해하고, 모호하게 실천하면 안 되며, 제대로 이해하고, 제대로 실천해야 한다. 이를 위해 우리는 이 계명의 참뜻을 신중하게 연구해야 한다. 이 책은 가장 분명한 논증을 통해 제4계명의 의미를 해석하고 밝혀준다. 하나님은 그날을 왜 제정하셨나? 그날은 얼마나 복된 날이며 무엇을 하면서 하나님의 복을 받는 날인가? 교회사에서 이 계명은 어떻게 이해되었고 어떤 학설이 있고 어느 관점이 성경적인가? 오늘날 우리는 이 계명을 어떻게 지킬 것인가?

## 13. 질서가 잘 잡힌 교회(근간)

**교회 생활의 개혁된 실천**

윌리엄 뵈케슈타인, 대니얼 하이드 공저

이 책은 두 명의 개혁파 목사가 교회에 대해 저술한 책이다. 이 책은 기존의 교회성장에 관한 책들과는 궤를 달리하며, 교회의 정체성, 교회 안의 다스리는 권위 체계, 교회와 교회 간의 상호 관계, 교회의 사명 등 네 가지 영역에서 성경적 원칙이 확립되고 '질서가 잘 잡힌 교회'가 될 것을 촉구한다. 이 네 영역 중 하나라도 잘못되고 무질서하면 그만큼 교회의 삶은 혼탁해지며 교회는 약해지게 된다. 어떤 기관이든 질서가 잘 잡혀야 번성하며, 교회도 예외가 아니다.

## 14. 장로 직분 이해하기(근간)

**모든 성도가 알아야 할 장로 직분**

제럴드 벌고프, 레스터 데 코스터 공저

하나님은 복수의 장로를 통해 교회를 다스리신다. 복수의 장로가 자신의 역할을 잘 감당해야 교회 안에 하나님의 통치가 제대로 편만하게 미친다. 이 책은 그토록 중요한 장로 직분에 대한 성경의 가르침을 정리하여 제공한다. 이 책의 원칙에 의거하여 오늘날 교회 안에서 장로 후보들이 잘 양육되고 있고, 성경이 말하는 자격요건을 구비한 장로들이 성경적 원칙에 의거하여 선출되고, 장로들이 자신의 감독과 목양 책임을 잘 수행하고 있는가? 우리는 장로 직분을 바로 이해하고 새롭게 실천하여야 할 것이다. 이 책은 비단 장로만을 위한 책이 아니라 모든 성도를 위한 책이다. 성도는 장로를 선출하고 장로의 다스림에 복종하고 장로의 감독을 받고 장로를 위해 기도하고 장로의 직분 수행을 돕고 심지어 장로 직분을 사모해야 하기 때문에 장로 직분에 대한 깊은 이해가 필수적이다.

## 15. 집사 직분 이해하기(근간)

**모든 성도가 알아야 할 집사 직분**

제럴드 벌고프, 레스터 데 코스터 공저

하나님의 율법은 교회 안에서 곤핍한 자들, 외로운 자들, 정서적 필요를 가진 자들을 따뜻하고 자애롭게 돌볼 것을 명한다. 거룩한 공동체 안에 한 명도 소외된 자가 없도록 이러한 돌봄이 잘 이루어져야 한다. 이 일은 기본적으로 모든 성도가 힘써야 할 책무이지만 교회는 특별히 이 일에 책임을 지고 감당하도록 집사 직분을 세운다. 오늘날 율법의 명령이 잘 실천되어 교회 안에 사랑과 섬김의 손길이 구석구석 미치고 있는가? 우리는 집사 직분을 바로 이해하고 새롭게 실천하여야 할 것이다. 그것은 교회 공동체를 향한 하나님의 거룩한 뜻이다.

## 16. 건강한 교회 만들기(근간)

**생기 넘치는 교회 생활과 사역을 위한 성경적 전략**

도널드 맥네어, 에스더 미크 공저, 브라이언 채플 서문

이 책은 미국 P&R 출판사에서 출간된 책으로서, 교회라는 주제를 다룬다. 저자는 교회를 재활성화시키는 것을 돕는 컨설팅 분야에서 일하면서, 많은 교회의 문제점을 진단하고 개선을 유도하면서 교회들을 섬겼다. 교회 생활과 사역은 침체되어 있으면 안 되며 생기가 넘쳐야 한다. 저자는 탁상공론을 하지 않는다. 이 책에서 그는 교회의 관행과 관련된 여러 가지 실제적 문제점을 진단하고, 그 개선책을 제시하면서, 생기 넘치는 교회 생활과 사역을 위한 실천적 방법을 명쾌하게 예시한다. 그 방법은 인위적이지 않으며 성경에 근거한 지혜를 담고 있다.

## 17. 9Marks 힘든 곳의 지역 교회(근간)

**가난하고 곤고한 곳에 지역 교회가 어떻게 생명을 가져다 주는가**

메즈 맥코넬, 마이크 맥킨리 지음 | 김태곤 옮김

이 책은 각각 브라질, 스코틀랜드, 미국 등의 빈궁한 지역에서 지역 교회 사역을 해 오고 있

는 두 명의 저자가 그들의 실제 경험을 바탕으로 쓴 책이다. 이 책은 그런 지역에 가장 필요한 사역, 가장 효과적인 사역, 장기적인 변화를 가져오는 사역이 무엇인지 가르쳐준다. 힘든 곳에 사는 사람들을 긍휼히 여기는 마음이 있다면 꼭 참고할 만한 책이다.

### 18. 9Marks 마크 데버, 그렉 길버트의 설교(근간)
#### 신학과 실천의 만남
마크 데버, 그렉 길버트 지음 | 이대은 옮김

1부에서는 설교에 대한 신학을, 2부에서는 설교에 대한 실천을 담고 있고, 3부는 설교 원고의 예를 담고 있다. 이 책은 신학적으로 탄탄한 배경 위에서 설교에 대해 가장 실천적으로 코칭하는 책이다.